일본의 공적개발원조와 기업의 인프라수출

국립중앙도서관 출판시도서목록(CIP)

일본의 공적개발원조와 기업의 인프라수출
지은이: 최영호
    서울: 논형, 2017
    p. ;   cm

ISBN 978-89-6357-183-6 03340: ₩15000

개발 원조[開發援助]
일본(국명)[日本]

322.8313-KDC6
337.52-DDC23   CIP2017031011

일본의 공적개발원조와 기업의 인프라수출

최영호 지음

논형

책을 펴내며

공적개발원조로 불리는 ODA(Official Development Assistance)는 지구 차원의 개발도상국의 경제와 사회발전을 위해 선진국이 지원하는 자금을 말한다. 주로 동남아시아, 아프리카, 중남미 국가들을 대상으로 하며 해당 국가나 국제기구에 현금, 물자, 서비스를 무상으로 제공하는 것을 말한다. 특히 한국은 경제협력개발기구(OECD) 산하의 개발원조위원회(DAC)에 가입하여 수원국에서 공여국으로 전환한 세계 최초의 국가가 되었다. 1950년대에 1인당 국민소득이 60달러 정도에 지나지 않았던 최빈국 국가가 오늘날 국내총생산(GDP) 면에서 세계 11위로 급성장하여 세계를 놀라게 했다. 오늘날 한국의 ODA 규모는 20억 달러에 육박하고 있다.

이 책은 ODA를 통해 일본의 현실을 바라보고 우리에게 거울로 삼아

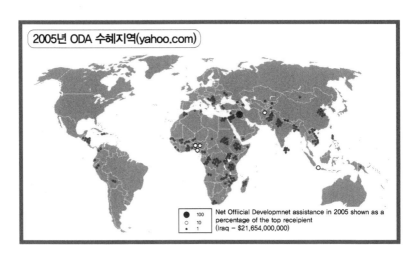

2005년 ODA 수혜지역(yahoo.com)

장단점을 학습하자는 취지 아래 집필되었다. 일본 ODA의 과거 역사에 대해서 언급하기보다는 오늘날 ODA 흐름을 소개하고자 하는 것이다. 오늘날 일본의 움직임을 소개함으로써 한국의 국제협력 방향에 대한 메시지를 전하고자 한다. 낮은 화상도의 사진이나 새로운 정보 등에 대해서는 본문 속에서 추천하는 사이트나 서적을 참고하기를 바란다. 또한 일본 ODA의 역사에 관한 진전된 학습을 위해서는 다음에 소개하는 서적들이 좋은 길잡이가 될 것이다.

노미영. 『일본의 대 동남아시아 공적개발원조(ODA) 정책에 관한 연구』. 서울 : 성신여자대학교. 2015년.

라미경. 『국제 NGO의 이해 : 지속가능개발과 해외원조』, 서울 : 한울출판사, 2008년.

박홍영. 『일본 ODA와 국제정치』. 서울 : 한울출판사, 2006년.

한국국제협력단. 『선진국의 ODA 평가제도 조사 : OECD/DAC, 일본, 미국』. 성남시 : 한국국제협력단. 1998년.

한국해외개발공사. 『세계의 국제협력 개요 : 원조관계기구를 중심으로』. 서울 : 한국해외개발공사. 1990년.

한일재단 일본경제연구센터. 『일본의 新 ODA정책』. 부산 : 한일재단. 2016년.

한일산업기술협력재단. 『ODA로 지원하는 일본의 중소기업 제품 수출 확대 전략』. 서울 : 한일산업기술협력재단.

Arase, D. eds. *Japan's Foreign Aid*. London and New York : Routledge. 2005.

Beaudry-Somcynsky, M. and Cook, C, M. *Japan's System of Official Development Assistance*. Ottawa : International Development Research Centre. 1999.

Dore, R. *Japan, Internationalism and the UN*. New York : Routledge. 1997.

Drifte, R. *Japan's Foreign Policy*. London : Routledge. 1990.

Hasegawa, S. *Japanese Foreign Aid : Policy and Practice*. New York : Praeger. 1975.

Hoffmann, M. *Japan's Develop Assistance : A German View*. Tokyo : Institute of Developing Economies. 1985.

Japan Bank for International Cooperation. *Outline of ODA Loans by Country : East Asia − China*. Tokyo : JBIC. 2000.

OECD. *Development Cooperation Review Series, Japan (no. 34)*. Paris : OECD. 1999.

OECD/DAC. *DAC Peer Review of Japan*. Paris : OECD. 1999.

Ohno, I. and Ohno, K. *Japanese views on Economic Development*. London : Routledge. 1998.

Olson, L. A. *Japan in Postwar Asia*. New York : Council on Foreign Relations. 1970.

Orr, R. *The Emergence of Japan's Foreign Aid Power*. New York : Columbia University. 1990.

Ozawa, T. *Recycling Japan's Surpluses for Developing Countries*. Paris : OECD. 1989.

Potter, D. *Japan's Foreign Aid to Thailand and the Philippines*. New York : St. Martin's Press. 1996.

Rix, A. *Japan's Economic Aid : Policymaking and Politics*. London : Croom Helm. 1980.

Rix, A. *Japan's Economic Aid Challenge: Policy Reform and Aid Leadership*. London : Routledge. 1993.

Tarte, S. *Japan's Aid Diplomacy and the Pacific Islands*. Canberra : Australian National University. 1998.

White, J. *Japanese Aid*. London : Overseas Development Institute. 1964.

Yasutomo, D. *Japan and the Asian Development Bank*. New York

：Praeger. 1983.

浅野健一.『日本は世界の敵になる：ODAの犯罪』. 東京：三一書房.
　　1994年.

五十嵐武士.『日本のODAと国際秩序』. 東京：日本国際問題研究所.
　　1990年.

外務省経済協力局.『ODA日本の政府開発援助』. 東京：外務省経済協力
　　局. 1999年.

後藤一美・大野泉・渡辺利夫.『日本の国際開発協力』. 東京：日本評論
　　社. 2005年.

小浜裕久.『ODAの経済学』. 東京：日本評論社. 1992年.

佐藤秀雄.『ODAの世界：国際社会の中の日本を考える』. 東京：日本図
　　書刊行会. 1997年.

西垣昭・下村恭民.『開発援助の経済学：'共生の世界'と日本のODA』. 東
　　京：有斐閣. 1997年.

長井寺泉.『ODAが日本を守る：政府開発援助：'章'のない本』. 東京：英
　　光社. 2003年.

日本国際問題研究所.『アジアの発展の経験に関する基礎的調査：
　　ASEANの対外関係におけるODAの意義』. 東京：日本国際問題
　　研究所. 2001年.

日本国際フォーラム.『日本のODA：国益と国際貢献』. 東京：日本国際
　　フォーラム. 1999年.

日本弁護士連合会公害対策・環境保全委員会.『日本の公害輸出と環境
　　破壊：東南アジアにおける企業進出とODA』. 東京：日本評論
　　社. 1991年.

日本貿易振興会.『各機関のODA評価の取組み：供与側と受益側の視点
　　から』. 東京：日本貿易振興会. 2000年.

布目稔生.『歴史から見た日本のODA』. 東京：創成社. 2011年.

平井憲・小滝徹.『日本のODAの現状と課題』. 東京：International
　　Institute for Global Peace. 1989年.

일본은 근대 제국주의 시기에 한국을 식민지로 지배했으며 전후에 들어서는 청구권협정을 계기로 하여 경제 원조를 제공했다. 이와 함께 ODA 공여국으로 전환하는 과정에서 일본은 국제협력을 위한 조직과 체계를 마련하는데 있어서 한국에게 노하우를 제공했다. 그러나 오늘날 ODA 수혜 지역에 있어서 한국과 일본은 상호 경쟁과 협력을 보이고 있다. 과거와 현재의 위상에서 볼 때 한국은 더 이상 안보적 측면에서 일본에 과다하게 의존하는 일은 없다. 그러면서도 경제적으로 특히 국제협력의 측면에서는 일본을 학습하고 경쟁해 가야한다. 오늘날 한국이 일본에 대하여 과거 역사에 대한 비판과 반성으로 치열한 대립을 거듭하고 있는 상황에서 과거사 문제를 직시하는 일과 함께 한국이 다시는 과거사의 점철을 밟지 않기 위하여 바람직한 현재와 미래를 마련하기 위한 학습 작업이 절실한 것이다. 이러한 의도에서 오늘날 일본의 ODA 현실에 관한 이해를 돈독히 하고 한국적인 ODA 모델 설정에 관한 대중서로서 이 책을 내놓게 되었다.

개발도상국을 지원하는 국가들은 공통적으로 인류 사회의 빈곤 문제를 도외시 할 수 없다고 하는 인식과 전 지구적 차원의 문제를 해결해야 한다는 이상적인 목표를 가지고 있다. 이와 함께 경제적 발전에 따라서 국제사회에 어느 정도의 배당금을 내놓아야 한다든지 시장이 세계화되어 가는 상황에서 자국의 이익과 안정적인 성장을 위해서 개발도상국의 현실을 무시할 수 없다고 하는 현실적인 목표를 가지고 있다. 마찬가지로 일본의 ODA에 있어서도 두 가지의 목표가 뒤엉켜 있음을 알 수 있다. 이 책은 일본 ODA의 현실적인 목표를 이해하기 위한 의도에서 집필되었으며 그 가운데에서도 일본 기업의 인프라 수출이라고 하는 현상을 일부 소개하고자 하는 취지에서 기획되었다. 필자는 2012년부터 영산대학교 국제학연구소의 일관된 과제로서 이 문제에 천착하고 일반 대중을 향해 이에 관한 정보를 매월 한 두 차례씩 웹진으로 발송해 왔다. 이 책은 과거에 필자 자신이 발신해 온 인터넷 정보의 내용들이 최근에 어떻게 변화하고 있는지 검토 혹은 확인하면서 일본에 대한 한국의 경쟁력 확보를 궁극적인 과제로 삼고자 한다.

　일본의 신흥시장 진출 지원 정책은 필자에게 있어서 1980년대 일본 대학원 유학을 결심하게 된 가장 중요한 학습 과제였다. 대학원 박사 과정에서부터 당면한 전후처리 문제에 사로잡혀 한일관계의 현대사를 추적해 왔으나, 그럼에도 불구하고 일본의 신흥시장 진출 정책에 관한 연구 관심에서 벗어난 일은 없다고 스스로 느끼고 있다. 일본의 전후처리 문제나 한일관계의 현대사 문제를 연구함에 있어서도 궁극적으로는 한국의 연구자나 대중들에게 일본을 극복해 갈 수 있는 방안을 제시해 가는 것이 연구자 교육자의 기본 책무라고 생각하고 있다. 그것이 근대사 과정에서 국가적으로 한국이 당한 점철을 다시 밟지 않는 길이라고 믿고 있기 때문이다. 과거 철없던 대학원 연구생 시절에 국제관계학 수업에서 미국과 서구에서 학습한 선배 연구자들로부터 수많은 지도를 받은 것에 대해 뒤늦게나마 감사의 마음을 전하고 싶다. 끝으로 이 기회를 마련해 주신 논형출판사 사장님과 편집 담당자, 영산대학교의 연구 지원에 대해서도 고마움을 표시하고자 한다.

2017년 11월
부산 해운대 장산 기슭에서

차례

3장 아시아 태평양 지역의 일본 ODA

4장 일본의 아시아 인프라 수출

5장 일본기업의 아시아 진출 사례

1장
일본의 ODA 현황

Contents

_1_
OECD의 지표

일본의 ODA 현황을 알려주는 OECD 데이터를 먼저 인용하자. 흔히 국가별 ODA 규모와 1인당 국민소득 대비 ODA 비율을 주요 지표로 사용하고 있다.

⟨2015년 ODA 규모 Top 15 (OECD)⟩

순위	국가	영문	10억 달러	비고
1	미국	United States	31.08	
2	영국	United Kingdom	18.70	
3	독일	Germany	17.78	
4	일본	Japan	9.32	
5	프랑스	France	9.23	
6	스웨덴	Sweden	7.09	
7	네덜란드	Netherlands	5.81	
8	아랍에미리트	United Arab Emirates	4.39	DAC 국가 아님
9	캐나다	Canada	4.29	
10	노르웨이	Norway	4.28	
11	터키	Turkey	3.91	DAC 국가 아님
12	이태리	Italy	3.84	
13	스위스	Switzerland	3.54	
14	호주	Australia	3.22	
15	덴마크	Denmark	2.57	

출처: yahoo.com.

〈2015년 국민소득 대비 ODA 비율 Top 15 (OECD)〉

순위	국가	영문	%	비고
1	스웨덴	Sweden	1.40	
2	아랍에미리트	United Arab Emirates	1.09	DAC 국가 아님
3	노르웨이	Norway	1.05	
4	룩셈부르크	Luxembourg	0.93	
5	덴마크	Denmark	0.85	
6	네덜란드	Netherlands	0.76	
7	영국	United Kingdom	0.71	
8	핀란드	Finland	0.56	
9	터키	Turkey	0.54	DAC 국가 아님
10	스위스	Switzerland	0.52	
11	독일	Germany	0.52	
12	벨기에	Belgium	0.42	
13	프랑스	France	0.37	
14	아이슬란드	Iceland	0.36	
15	오스트리아	Austria	0.32	

출처: yahoo.com.

오늘날 일본의 ODA정책을 통합적으로 기획하고 관리하는 JICA(국제협력기구)에서도 위의 지표를 일반적으로 널리 활용하고 있다. 한편으로 일본 ODA가 세계적인 규모에 이르고 있다고 하는 것을 나타내기도 하면서 1인당 국민소득에 비추어 볼 때 아직 ODA의 비율이 매우 적다고 하는 것을 나타내며 앞으로 국제협력 확대의 필요성을 강조하고 있는 것이다.

2017년도의 일본정부의 ODA 예산을 살펴보아도 과거에 비해 약간 늘어난 것을 확인할 수 있다. 전년도 총 ODA 사업 예산이 1조 8553억 엔이었던 것에 비추어 2017년도에는 2조 1000억 엔으로 13.2% 늘어났다. 여기에서 ODA 회수금 7296억 엔을 뺀 순수 ODA 사업 예산은 1조 3704억 엔으로 나타났고 이것도 전년도 1조 1673억 엔에 비해 17.4% 늘어난 것으로 확인되고 있다. 부처별 예산을 살펴보면, 2017년도 ODA 관련 일반

회계 예산은 총 5,527억 엔이 되어 17년 만에 다시 증가하기 시작한 2016년도 예산규모보다도 8억 1641만 엔 더 증가했다. 이 가운데 가장 많은 예산은 외무성의 예산 4,343억 엔이었다. 2016년 5월에 개최된 이세시마(伊勢志摩) G7 정상회의에서 일본은 「지속 가능한 개발목표 (SDGs)」의 달성을 위한 새로운 국제개발협력 지원을 표명했고, 그 해 7월에 발생한 방글라데시 다카 총격 사건을 계기로 해외거주 일본인의 안전 대책을 위한 예산을 추가로 편성하여 발생한 일이라고 한다. 여기에다가 일본정부가 중점을 두고 있는 「인프라 수출 전략」에 기초하여 국토교통성의 ODA 관련 예산이 전년도보다 81.0% 늘어난 5억 1300만 엔으로 늘어났다. 여기에다가 JICA 주도에 의한 차관 예산도 전년도보다 약 20% 늘어났다.[1]

〈2017년도 일본의 ODA 일반회계 예산 (백만 엔)〉

부처별	2016년도 예산액	2017년도 예산액		
		예산안	증감액	신장률 (%)
총무성	850	795	−55	−6.5
법무성	256	362	+106	+41.5
외무성	434,187	434,329	+142	+0.0
재무성	77,298	77,842	+544	+0.7
문부과학성	14,463	15,019	+556	+3.8
후생노동성	6,751	6,402	−348	−5.2
농림수산성	2,742	2,642	−100	−3.7
경제산업성	14,313	14,077	−236	−1.6
국토교통성	283	513	+230	+81.0
환경성	637	607	−30	−4.7
경찰청	14	14	+1	+4.0
금융청	124	131	+8	+6.1
계	551,918	552,734	+816	+0.1

출처: 国際開発ジャーナル, 2017年 4月.

---

1)「2017年度ODA予算詳細」『国際開発ジャーナル』. 725号. 2017年 4月. pp. 16-25.

_2_
누구를 위한 ODA인가

　일본 외무성 산하 국제협력기구 JICA의 2017년 11월 홈페이지에는 국제협력의 필요성에 대해 다음과 같이 서술되어 있다.[2] "세계에는 약 67억 명의 인구가 있고 이 가운데 약 10억 명이 기아와 빈곤에 허덕이고 있다. 여기에다가 환경과 에이즈 문제 등, 지구적 규모의 문제의 해결을 위해 ODA를 통해 공헌해 가는 일은 국제사회의 일원으로 중요한 일이다." 이와 같은 설명은 ODA의 이상주의적인 필요성을 강조한 것이다.

　다른 한편으로 JICA는 다음과 같이 국제협력의 필요성을 말하고 있다. "특히 자원과 식량의 대부분을 해외 수입에 의존하고 있는 일본으로서는 ODA를 통해 개도국 발전을 돕고 그것을 세계 안정과 평화에 연결시키는 일이야말로 일본의 국가 이익에도 연결되는 것이다. 이와 같은 설명은 현실주의적인 필요성을 강조한 것이다. 예를 들어 세계적인 환경 변화는 어느 한 국가 뿐 아니라 주변국 나아가 전 세계에 영향을 끼치고 있다. 개도국의 경제발전을 돕는 일도 마찬가지이다. 개도국 경제가 발전하면 일본의 전기제품이나 자동차에 대한 구매력도 늘어나게 된다. 개도국을 지원하는 일은 개도국을 위한 일이기도 하지만 또한 일본을 위한 일이이도 하다. 이와 함께 "일본도 패전 후 경제적 부흥과 경제발전 과정에서 해외로부터 수많은 지원을 받았던 것을 잊어서는 안 된다"고 JICA는 강조하고 있다.

　이렇게 볼 때, ODA는 누구를 위한 것인가가 분명해 진다. 즉 인도적

---

2) https://www.jica.go.jp/aboutoda/basic/01.html#a02

인 목적을 강조하는 이상주의적인 관점에서는 수혜국 국민 또는 세계시민을 위한 것이다. 아울러 자국의 안위와 상품 수출을 강조하는 현실주의적 관점에서 본다면 제공국 국민과 제공국 기업을 위한 것이다. 이러한 ODA의 양면성은 일본 뿐 아니라 한국을 비롯한 원조 제공국 모두에게 해당되는 것이다. 다만 어느 국가가 다른 국가에 비해 보다 이상주의적인 ODA 정책을 내세우고 있는가를 지표화 한 것이 앞에서 언급한 1인당 국민소득 대비 ODA의 비율에 해당한다고 할 수 있다. 일본의 2016년 ODA에 국한하여 보면 ODA 규모면에서 세계 제4위의 지위에 있으면서도 1인당 GDP 면에서는 제15위권 바깥에 위치하고 있다. 이를 통해 일본은 비교적 현실주의적인 관점에서 ODA를 제공하는 있는 국가라고 말할 수 있다.

_3_
일본의 ODA 주무부서, JICA

오늘날 일본정부 안에서 ODA에 관한 행정은 JICA가 통합적으로 담당하고 있다. 2017년 11월 이사장을 담당하고 있는 기타오카 신이치(北岡伸一)는 도쿄대학 법학부 출신으로 동 대학에서 교수를 역임한 바 있다. 과거에는 일본의 ODA 정책을 주로 외무성이 무상원조 기능을, 국제협력은행이 유상차관 기능을, 그리고 JICA가 기술협력 기능을 각각 담당해 왔으나, 3개 기구에 의한 분할 정책이 비생산적이라는 대내외적 비판에 직면하게 되었다. 이에 따라 2008년 10월부터 JICA가 통합적으로 정책수립과 관리업무를 담당하기에 이르렀다.[3]

언제부터 일본정부가 ODA 제공을 시작했는지에 관하여 해석이 분분한 가운데, 일본은 1954년 10월 6일 콜롬보플랜(Colombo Plan) 에 가입한 시기를 공식적인 시점으로 삼고 있다. NAVER 지식백과에 따르면, 콜롬보플랜이란 1950년 1월에 스리랑카의 수도 콜롬보에서 열린 영연방 외무장관회의에서 캐나다의 제안으로 채택되었다고 되어 있다. 처음 참가국은 영연방 제국 국가들이었으며 참가 가운데 아시아 개도국의 생활수준 향상을 위한 식량·운수·동력이나 교육·위생 등의 개발을 영국·캐나다·오스트레일리아 등이 원조하는 6개년 계획(1951~1957)으로 발표되었고 이때 미국과 함께 일본이 원조제공국으로 참여한 것으로 되어 있다.[4] 일본은 이 기구에 가입하지마자 이듬해인 1955년부터 아

---

3) 吉田鈴香,「新JICA発足, 目的と財源は不明確なまま」『日經ビジネスONLINE』, 2008年10月7日.
4) [네이버 지식백과] 콜롬보계획

시아 지역의 기술연구생을 받아들이고 일본인 기술자의 파견 프로그램을 시작함으로써 오늘날 ODA사업을 개시한 것으로 되어 있다.

2017 Global Festa 포스터(출처: JICA와 해당 지자체)

일본정부는 오늘날 매년 10월 6일을 콜롬보플랜 가입을 기념하여 '국제협력의 날'로 지정하고 그 날을 전후하여 '글로벌 페스타' 등과 같은 국제협력 관련 이벤트를 실시하고 있다. 일본정부 부처 가운데 외무성은 해마다 ODA 제공액 규모가 증가하고 해외 청소년의 일본 유학이 늘어나게 되자, 1987년 처음으로 '국제협력의 날'을 공식적으로 지정하여 정부차원의 행사와 함께 지방별로 이벤트를 실시했다. 2017년 행사로서는 도쿄에서는 9월 30일과 10월 1일에 오다이바의 센터 프롬나드에서 패션쇼와 전시회, 토크쇼와 같은 다채로운 이벤트를 실시했다. 아울러 11월 19일에는 히로시마 국제회의장에서 개최된 '국제협력의 날' 행사에서 해외문화 및 일본문화 체험 코너, 국제교류 활동 소개 코너, 세계 물품 전시 및 판매 코너, 국제협력에 관한 상담 코너 등을 마련하고 국제문제와 해외문화에 대한 일반인의 관심을 높였다.[5]

---

5) https://www.hiroshima-navi.or.jp/event/uploads/0cb4d9c0de841026e51e4
5ddac1998dc.pdf

_4_
개도국 거주 일본인 동포 끌어안기

필자는 지난 2014년 6월 23일에 웹진『글로벌신흥시장정보』를 통하여 일본정부가 개도국에 대해서 ODA를 제공하면서 현지에 거주하는 일본인 동포들을 감싸는 정책을 추진하고 있다는 정보를 발신했다. 이것은 한국애서 매년 10월 5일을 '세계한인의 날'로 정하고 해외동포 정치가 · 조직원 · 기업인들을 포섭하고 있는 움직임과 관련이 있다. 한국이 '720만'이라는 숫자를 들어 국적에 관계없이 해외동포를 끌어안고 있는 반면에, 일본정부는 일본국 국적을 중시하여 자국국민 보호의 일환으로 '120만' 해외국민에 대한 관심을 쏟고 있는 것이다. 이 뿐 아니라 일본은 한국 이상으로 역사적 의미의 해외 교민에 대해서도 포섭 정책을 펼치고 있다. JICA는 ODA를 통한 개도국과의 연결고리와 함께 해외교민을 통한 연결고리로 확대해 가고자 하는 것이다.

현행 자위대법 제84조 3항은 '재외동포(在外邦人) 등의 수송'에 관한 조항으로, 방위대신은 외무대신으로부터 요청이 있을 때, 해당 일본인을 수송할 수 있다고 규정하고 있다. 이 조항은 2007년 1월 자위대법이 개정되면서 처음으로 명문화된 것이다. 이에 따라 2013년판 방위백서는 외국의 재해, 소요, 기타 긴급사태에 임하여 해당 지역으로부터 일본인을 귀환 수송할 수 있다고 발표했다. 일본에서 자위대 등이 파견되어 해당 지역의 공항이나 항만 등에서 재외공관으로부터 일본인을 인도받아 항공기나 선박으로 안전하게 유도할 수 있다는 것이다. 따라서 현재 육상자위대는 헬리콥터 부대와 유도 요원을 지정하고 해상자위대와 항공

자위대는 수송선박과 항공기를 비롯하여 파견 요원을 각각 지정하여 대기 태세를 유지하고 있는 것으로 알려지고 있다.

또한 일본 자위대는 육해공 사이의 긴밀한 연계를 강화할 목적으로 매년 국내에서 수송 항공기와 선박을 이용한 공동훈련을 실시하고 있다. 나아가 매년 태국에서 실시되고 있는 동남아 최대의 다국간 공동훈련 코브라 골드(Cobra Gold)에 일본의 자위대도 2005년부터 참여하고 있으며 타이 주재 일본대사관으로부터 협력을 얻어 타이 국내외의 대사관 직원과 그 가족을 구출하는 훈련을 실시하고 있다. 과거 2004년부터 2008년까지 자위대 특별수송기가 이라크에 파견되어 이라크 재건과 부흥을 명목으로 하는 인원과 물자를 수송하는 가운데 실제로 현지 거주 일본인들을 쿠웨이트로 수송한 적이 있다. 또한 2013년 1월에도 알제리에서 발생한 일본인에 대한 테러 사건이 발생했을 때, 일본의 자위대는 '재외동포 등의 수송' 규정에 의거하여 당시 치토세(千歲) 기지 소속 특별항공기를 알제리로 파견하여 생존자 7명과 사망자 9명을 일본으로 수송한 일이 있다. 이러한 자위대의 구출 활동 의무 조항은 기본적으로 해외 거류 일본인 가운데 일본에서 파견된 일본인을 대상으로 하고 있다고 해석할 수 있다. 그러나 자위대법이 규정하고 있는 바와 같이 일본 자위대는 유사시 재난 지역에 거주하고 있는 일본인 등에 대해서도 이들을 일본으로 귀환 수송할 수 있다고 함으로써 구출 대상 '재외동포'의 범위를 더욱 확대하고 있는 것이다.

이와 같은 일본정부의 적극적인 '재외동포 끌어안기' 태도는 일본과 달리 명확하게 재외동포 업무를 전담하는 기관을 설치하고 있는 한국정부에게 많은 시사점을 제공하고 있다. 지난 2014년 월드컵 개최로 브라질 사정이 세계 언론에 널리 알려지고 있는 가운데 그 해 6월 13일 JICA는 일본정부가 브라질을 비롯하여 중남미 지역에 거주하는 일본인에 대해서 적극적으로 포용정책을 실시해 오고 있다고 하는 보도 자료를 내놓았다. 일본사회를 향하여 JICA의 존재 의의를 부각시킴과 동시에 중남미 지역의 재외동포에 관한 관심을 높이고자 한 것이다. 1908년 6월 18일에 781명을 실은 이민선 가사토마루(笠戸丸)가 산토스(Santos) 항구에 입항한 것을 전후 최초의 공식적인 해외 이주로 간주하고 일본정부가 1966년에 이날을 '해외 이주의 날'로 지정한 것을 보면, 브라질은 일본인의 해외 이주에 있어서 각별한 지역이다.

일본 외무성의 2012년도 공식적인 해외 일본인 통계에 따르면 영주권자 411,859명, 장기체류자 837,718명, 합계 1,249,577명으로 되어 있다. 이것은 국적에 의해 파악되는 통계로서 재외국민 통계에 해당한다고 할 수 있다. 여기에 국적과 함께 현지인과의 결혼 등으로 현지화 된 일본인 숫자를 포함하면 이보다 훨씬 더 많은 인구가 될 것이며 이를 정확하게 파악해 내는 것을 불가능한 일이다. JICA는 이러한 파악되지 않은 현지화 된 일본인까지 추정하여 오늘날 브라질에 157만 명가량이 거주하고 있고, 아르헨티나, 파라과이, 페루, 볼리비아 등을 포함하면 중남미 지역에만 총 177만 명이 넘을 것으로 보고 있다. 일본정부는 이들이 현지에서 정치, 경제, 교육, 문화 등의 여러 방면에서 활약하고 있으며 "현지 국가의 발전에 기여함과 동시에 일본과의 가교 역할을 담당해 왔다"고 높이 평가하고 있다.

여기에 JICA는 중남미 신흥국의 경제와 사회 발전에 기여하기 위해 다음과 같이 현지 일본인 사회와 연계한 다양한 시책을 전개하고 있다고 홍보하고 있다.

우선 전후에 들어 국가의 정책에 따라 중남미 지역에 이주하는 일본인에 대해서, JICA는 토지 구입과 영농자금 대부와 같은 이주 투자 융자 사업과 토지의 조성과 분양과 같은 개척 사업을 전개해 왔고, 농촌생활, 생활환경, 의료위생, 교육환경 등의 기반시설 정비사업을 지원해 왔다고 했다. 소위 이주민 1세에 대해서 일본정부가 현지 정착과 생활 안정을 지원했다고 하는 점을 강조한 것이다. 그런데 점차 이주민 1세가 고령화되고 이주민 사회의 민족적 정체성이 희박해져 감에 따라 일본정부로서는 새로운 지원책을 강구해야 하는 과제에 봉착하게 되었다. 이것은 오늘날 한국정부의 해외동포 끌어안기 과제와 일맥상통하는 부분이다. 이러한 과제에 대응하는 방식으로 일본정부는 해외원조와 민간사업의 연계를 지속적으로 실시해 오고 있는 JICA로 하여금 현지 일본인 사회를 파트너로 하여 일본의 민간 부문과 연계를 강화해 가는 새로운 협력체제 구축을 추진하도록 하고 있다.

구체적으로 JICA는 1987년부터 중등학교 나이의 일본인 청소년을 일본으로 초청하여 교육하는 '일본계 사회 차세대 육성 연수' 사업을 실시해 오고 있다. 이 프로그램에는 오늘날에 이르기까지 1000명 이상의 해외 거주 일본인 청소년이 참가해 왔다. 2017년 6월부터 1개월 동안 실시하는 제1진에 캐나다(4명), 멕시코(3명), 도미니카공화국(4명), 콜롬비아(1명), 베네수엘라(1명), 그리고 2018년 1월부터 1개월 동안 실시하는 제

JICA 일본계 사회 리더 육성 사업
(출처: 해외이주 자료관)

JICA 해외이주자료관

2진에 브라질(20명), 페루(4명), 볼리비아(3명), 파라과이(3명), 아르헨티나(6명)으로 되어 있다. 이와 함께 일본정부는 1996년부터 일본어 교육이나 보건과 복지 분야에 관한 국내 자원봉사자 1600명 이상을 현지에 파견하여 일본의 문화와 경제를 알려오고 있다. 또한 2000년부터는 일본 국내 대학원에 재학하는 해외 일본인에 대하여 학자금을 지원하는 '일본계 사회 리더 육성 사업'을 실시하고 있으며, 대학과 지방자치체 등의 제안에 따라서 일본계 연수생을 국내에 유치하거나, 해외 일본인 단체에 대한 조성금 지급을 통하여 해외 일본인 고령자에 대한 의료 복지 활동을 지원하고 있다. 2002년에는 요코하마(橫浜)에 해외이주자료관을 개설하여 해외이주의 역사와 현실을 홍보하고 정기적으로 특별전시와 공개강좌를 실시해 오고 있다.

상파울로 일본계 기업인과 조사단 페루 리마의 일본계 기업인과 조사단
(출처: JICA)

JICA는 오늘날 「해외 일본인 사회와의 새로운 파트너십 구축」을 해외동포 정책방향으로 제시하고 있다. 해외 현지에서 활약하는 일본계 인사나 기업과 제휴하여 현지 국가의 경제발전과 일본계 사회의 발전에 기여하겠다는 것이다. 정부의 주도 아래 중국의 화상(華商)이나 한국의 한상(韓商)과 같이 일본계 기업인의 국내외 네트워크를 구축하겠다는 것이

다. 일본정부는 이러한 방향에 맞추어 2016년부터 일본 국내의 기업인을 해외 일본계 사회에 파견하는 사업을 전개해 오고 있다. 2016년에는 2월말부터 2주 동안 실시된 제1차 사업에서는 브라질과 파라과이에 '중남미 민간연계 조사단'을 파견했고 7월 중순부터 2주 동안 실시된 제2차 사업에서는 페루와 브라질에 조사단을 파견했다. 조사단이 JICA에 제출한 보고서에 따르면 브라질 시장의 현지 시찰을 통하여 일본기업의 제휴 가능성을 확인했다고 한다. 일본 본국으로부터의 지원을 필요로 하는 현지 일본계 기업의 요구와 일본 국내 기업의 개도국 진출 요구에서 접점을 발견했다는 것이다.

_5_
일본 지방자치단체의 국제개발협력

　지난 2015년 5월 15일자 일본신문들은 일제히 후쿠오카(福岡)시가 처음으로 국제개발협력 사업에 참여하게 되었다고 하는 뉴스를 내보냈다. 그 전날 후쿠오카시가 발표한 것을 인용하여 이번에 후쿠오카시의 민간 기업과 제휴하여 미얀마의 양곤시 수도사업을 지원하기 위한 프로젝트를 신청했으며 JICA로부터 사업 승인을 받았다는 뉴스였다. 이에 따라 후쿠오카시는 이때부터 이듬해 3월까지 양곤시의 정수장 등 수도 관련 시설을 정비하기 위한 사전 조사사업에서 주로 시설 운영과 유지관리 분야를 맡아 사업을 수행하게 되었다.

　양곤시는 근래에 들어 인구증가와 함께 물의 수요가 급증하고 있어서 2020년을 목표로 하여 서부 지역에 정수장 건설을 계획하고 있었다. 마침 후쿠오카시는 2012년 4월부터 이때까지 JICA를 통하여 시의 수도국 직원을 현지에 파견해 왔고 일본의 높은 수준의 수도 관련 기술을 활용하여 미얀마 급수 인프라의 개선을 지원한 일이 있었기 때문에 2015년에 JICA로부터 그 노력을 인정받은 것이다. 후쿠오카시 시장 다카시마 소이치로(高島宗一郎)의 블로그를 보면 시장이 직접 양곤시를 방문하여 행정 각서를 교환했으며, 그때 후쿠오카시에서 현지에 진출해 있는 사업체를 직접 시찰한 것으로 되어 있다.

　이 블로그에서 후쿠오카시는 일본과 미얀마의 국교 수립 60주년을 기념하여 양 도시가 행정 각서를 체결했다고 한다. JICA로부터 각국이 지원과 투자를 위해 앞을 다투어 경쟁하는 가운데 앞으로 일본정부는 미얀마와의 경제관계를 강화해야 하며 지방정부 사이의 국제교류도 아주 중요하다고 하는 지적을 받았다고 한다. 이를 계기로 후쿠오카시는 세계에서 가장 수도의 누수율이 낮다고 평가되고 있는 후쿠오카의 수도 인프라에 관한 노하우와 하이테크 분야는 아니면서도 주민생활에 긴요하고 효과가 높은 후쿠오가 방식의 폐기물 매립법을 양곤에 소개하기 시작했다고 한다. 후쿠오카시는 2016년 12월에 양곤시와 자매도시 협정을 체결한 이후에도 미얀마의 열악한 수도 보급률을 끌어올리는데 주력해 오고 있다.[6]

양곤시와 후쿠오카시의 행정협정　　　　후쿠오카 시장의 양곤 교민 방문

　실제로 개도국 국가의 경우, 필요한 것은 하이테크 기술보다는 일상적인 것으로부터 기존 시설을 유지하는 노하우를 더욱 필요로 하는 경우가 많고 장기간 소중하게 사용하기 위하여 유지 보수 작업에서 건실함을 더욱 더 필요로 할 때가 많다. 후쿠오카 시장은 이 점을 현지 시찰을 통해 간파한 것이다. 또한 양곤 시내의 승용차 가운데 90% 이상이 일본산 중

6)「福岡市がヤンゴン市と姉妹都市締結：水道やゴミ処理など都市インフラ整備で協力」『ASIA Market Review』. 29巻 7号. 2017年4月. pp. 16-17.

고차라는 점을 확인하고, "일본에서 일본인이 타고 있던 중고차"에 대한 신뢰가 높다는 것을 목격했고, 후쿠오카시에서 이곳에 진출하여 비즈니스를 전개하고 있는 케이크 가게 'LE VIE EN ROSE'가 높은 인기를 얻고 있다는 것을 직접 체험했다고 한다.

또한 JICA가 발주하는 사업을 수주하기 위해 후쿠오카시는 2012년부터 일본공영 주식회사와 TEC 인터내셔날 주식회사와 손을 잡고 준비해 왔다. 여기에다가 2015년에는 NJS 컨설턴트가 합세하여 3개의 회사와 산관협력 체제를 갖춤으로써 JICA로부터 높은 평가를 받았다. 앞으로 조사사업을 추진하면서 후쿠오카시는 일본공영이 담당하는 조사항목 가운데 「운영유지관리」 부분을 담당하기로 했다. 즉, 후쿠오카시의 수도국 직원이 조사단의 일원으로서 현지조사활동에 참가하며 금후 정비되는 정수장의 운전관리와 시설유지 등에 대하여 검토하고 제안을 행하기로 한 것이다. 후쿠오카시는 이 사업을 통하여 얻을 수 있는 효과로서, 양곤시의 급수환경 개선에 공헌하는 것 이외에도 앞으로 해외전개에 필요한 노하우 축적과 수도 담당 직원의 기술력 향상을 들었다. 또한 현실적으로 후쿠오카시 소재 기업의 해외 비즈니스 기회를 창출할 수 있다는 점도 중요한 기대 효과로 꼽았다.[7]

저출산 고령화에 따라 일본의 국내시장이 계속 축소되어 가는 가운데 일본의 지방자치체 가운데에서 지역활성화 방안의 하나로 해외 신흥국가 진출을 추구하는 곳이 점차 늘어나고 있다. 지금까지 비교적 활발한 움직임을 보이고 있는 지방자치체로 후쿠오카시를 비롯하여, 기타큐슈(北九州)시, 오이타(大分)시, 미야자키(宮崎)시, 오사카(大阪)시, 요코하마(横浜)시 등이 있다. 신흥국가들이 급속한 경제발전에 따라 수자원과

---

7) 長内典行, 「福岡市の国際貢献・国際協力の取り組み：官民連携したビジネス展開に向けて」『自治体国際化フォーラム』, 318巻, 2016年4月, p. 22~23.

에너지 공급, 폐기물 처리, 도시교통, 공해대책 등이 점차 필요해지는 상황에서 일본의 지자체가 지역 소재 기업과 손을 잡고 관련 기술과 노하우를 전수하겠다는 것이다. 여기에 일본 중앙정부에서 닦아놓은 ODA 루트와 예산을 적극 활용하여 지자체 기업의 활성화 방안으로 삼겠다는 것이다.

JICA에서도 일본의 지차체를 적극 활용하여 풀뿌리 기술협력을 확충하겠다는 ODA 방침을 내세우고 지자체의 경쟁적인 참가를 유도하고 있다. 지자체에서 노하우와 기술을 가진 인력을 신흥국가에 전문가로서 파견하여 기술지도와 연수를 행하게 되면 ODA의 효과가 더욱 크게 나타날 것으로 보고 있다. JICA는 일본의 지방자치체 참가에 따른 풀뿌리 기술협력의 성공 사례로 다음 세 가지를 꼽고 있다. ① 야마가타현(山形縣)이 인도네시아 파푸아 지역에 벼농사 기술을 이전하여 해당 지역에 맞는 종자를 재배하고 관개설비와 농기계를 보급한 것, ② 오키나와현(沖繩縣)이 사모아에 물의 생물정화법(완속여과방식)을 이전하여 수자원 관리와 수도사업운영 기술을 보급한 것, ③ 기타큐슈시가 필리핀·인도네시아·태국에 폐기물 처리와 하수도·배수 처리에 관한 기술을 이전하고 기술 지도를 실시한 것 등이다.

또한 JICA는 지방의 중소기업 지원책으로서 비즈니스 전개의 기회를 제공하겠다고 하고 있다. 이에 대한 성공 사례로 JICA는 다음 네 가지 사업을 꼽고 있다. ① 후쿠시마현(福島縣) 기업이 내구성이나 비용 면에서 뛰어난 소형 소각로를 베트남의 의료산업 폐기물 처리에 적용하도록 지원한 것, ② 요코하마시 기업이 플라스틱 폐기물 연료화 기술을 필리핀 세부에서 쓰레기 분별을 통한 리사이클링 시스템에 적용하도록 지원한 것, ③ 후쿠오카현 기업이 폐기물 처리 기술을 인도네시아 쓰레기 중계소에 적용하여 리사이클링 폐기물 중간처리 시설을 업그레이드 하도록 지원한 것, ④ 가고시마현(鹿兒島縣) 기업이 화산재 응집 침강 기술을 베트남 농촌부에 적용하여 안전한 음료수를 제공하도록 지원한 것 등이다.

　이와 함께 JICA는 개도국의 도시 인프라 정비 사업에 주력하고 있는 가운데, 여기에 일본의 지자체 또는 지자체 기업들이 대거 뛰어들기를 희망하고 있다. 특히 캄보디아·베트남·필리핀 등에서 이에 대한 모델사업을 전개하고 있다는 것을 강조하고 있다. 예를 들어 요코하마시가 필리핀 세부에서 친환경적인 도시정비 조사에 참가하고 있고, 기타큐슈시가 인도네시아에서 폐기물과 에너지 분야에서 협력하고 있으며, 캄보디아와 베트남에서 수도 분야에 협력하고 있는 점을 높이 평가하고 있다. 아무리 일본의 기술이 뛰어나다고 해도 가격 경쟁력이 없으면 개도국에 진출할 수 없기 때문에 JICA는 ODA를 통해 지자체 혹은 지역기업의 부담을 덜어주면서 해외전개를 지원하겠다는 방침을 고수하고 있다. 대표적인 사례로 기타큐슈시가 지역 기업과 협력하여 무상자금 지원을 받아 캄보디아에서 상수도 정비 사업을 실시하고 있는 것을 꼽을 수 있다.

_6_
일본의 중소기업 해외전개 지원

2017년 6월 JICA는 국제협력사업을 목표로 국채를 발행하여 재원을 모으고 있다는 소식과 함께 일본의 중소기업이 해외에서 비즈니스를 전개할 수 있도록 지원사업을 하고 있다는 소식을 전했다. 이것은 모두 한국이 앞으로 국제협력사업을 전개해 가는데 있어서 참고가 되는 소식이다. 특히 후자는 일본 국내의 경기부진과 중소기업의 자금난 상황 속에서 국제협력 담당 정부기관이 자국의 중소기업에 대한 지원 프로그램을 제공하여 새로운 해외 시장을 개척하는데 도움이 되도록 한다는 점에서 한국에서도 반드시 참고해야 하는 내용이다.

2017년 6월 20일 JICA가 발표한 보도 자료에 따르면, 그 해 제1차 중소기업 해외 전개 지원사업에서 총 68건을 채택했다고 한다. 이 지원사업은 (1) 기초 조사, (2) 안건화 조사, (3) 보급 실증 활동 등 세 가지 차원의 자발적 조사와 활동을 지원했다. 2017년 3월에 지원 사업의 내용을 공시하고 각 기업으로부터 지원 신청을 받았다. 그리고 곧 이어 심사를 거쳐 기초 조사에 13건, 안건화 조사에 36건, 보고 실증 사업 조사 19건을 지원하기로 확정한 것이다. 이 사업은 일본의 중소기업 제품과 기술을 해외 신흥시장에서 활용할 수 있는지, 사전에 조사하고 보급 실증 활동하는데 기초 비용을 지원하는 한편, 해외 신흥시장이 안고 있는 각종 과제를 직접 체험하고 해결해 보도록 하는 것이다.

JICA는 그때그때의 신청 건수를 공개하고 있지 않은데 이는 탈락 기업이 나오고 있기 때문이다. 일본 중소기업의 사업성 확대를 주된 목표로 하는 사업, 즉 신흥시장 개척을 위한 조사와 보급 실증을 지원하는 사업은 2012년부터 시행되고 있는데, 2017년 6월까지 일본 중소기업으로부터 누계 603건이 신청 접수되었다고 한다. 이때에도 3가지 차원의 지원사업에서 신청을 받은 결과, 일본 전국 47개 도도부현 가운데 32개 지방자치단체 소재 기업의 신청이 최종 채택으로 이어졌다고 한다. 2012년에만 해도 일본의 관동 지방에 본부를 두고 있는 기업들만으로 신청 건수의 절반을 차지할 정도로 기타 지방의 중소기업으로부터 관심이 낮았는데, 2014년 이후로는 관동 지방 이외의 기업으로부터 응모가 증가하기 시작하여 2016년 이후부터는 관동 지방 이외의 지방에서 채택 건수의 70%를 차지할 정도가 되었다고 한다.

일본 중소기업이 개척하고자 하는 신흥시장으로는 동남아시아 시장이 언제나 가장 큰 비중을 차지하고 있다. 2012년부터 2017년까지의 채택건수를 보면 동남아시아가 매번 60% 전후를 차지했다. 2017년 채택 건수에서도 동남아시아가 44건으로 전체의 65%를 차지했으며, 이어서 아프리카 시장이 8건으로 12%, 중남미 시장이 6건으로 9%를 차지했다. 대상 분야에서 보면, 2012년 지원 사업 당초에는 환경, 에너지, 물 처리가 절반을 차지했는데, 근래에 들어서는 농업의 비율이 30% 전후로 늘어나고 있고 그 이외에도 복지와 교육에 이르기까지 다양한 분야로 확대되고 있는 것을 확인할 수 있다. 2017년에 채택이 확정된 세 가지 차원의 조사 활동을 중심으로 그 활동 내용을 살펴보자.

(1) 기초 조사 : 동남아시아, 남아시아, 그 외의 지역을 대상으로 하여 일본으로부터 멀리 떨어진 지역의 조사에서는 아무래도 일본에서 가까운 지역의 조사에서 보다는 항공료 부담이 크다고 하는 고충을 받아들인 결과, 2017년부터는 공시에서부터 항공료 등 견적을 따로 제시하고 지원 금액을 달리 하기에 이르렀다. 그 결과 신청, 채택 건수 모두에서

멀리 떨어진 지역의 조사가 월등히 많아졌다. 채택 건수에서 보면 2016년에는 원거리 지역 대상 사업이 28%이었는데 2017년에는 46%로 증가했다.

(2) 안건화 조사 : 종래에는 국내외 판매실적이 있는 제품과 기술 등을 대상으로 하여 제안 신청을 받았는데, 2017년 공모부터는 실적인 없는 아이디어 단계, 연구, 시도, 실증단계의 제품과 기술이라도 제안할 수 있도록 했다. 이번에 채택된 분야로는 환경, 에너지 분야가 2건, 복지, 교통 분야가 1건이었다. 공통적으로 신흥시장 특유의 과제에 대하여 혁신적인 제품, 기술, 수법을 제시한 안건이 '개도국 대상 이노베이션'으로서 채택되었다.

(3) 보급 실증 활동 : 종래에는 이 제도의 지원금 상한 규모는 1억 엔(円)까지였는데, 신흥시장 과제의 고도화, 복잡화에 대응하기 위해 2017년부터 새롭게 1.5억 엔까지 지원 틀을 넓혔다. 따라서 과거 응모를 단념했던 기업들이 새롭게 응모한 경우가 많았으며 결과적으로 2017년에 1.5억 엔의 지원 대상으로 총 4건이 채택되었다. 보급 실증 활동 지원 대상으로 채택된 총 19건 가운데서 15건이 과거에 기초조사 또는 안건화 조사에 참여한 기업들이었다.

JICA는 과거 2008년 내부조직으로 민간연계실을 설치하면서부터 이러한 민간 기업 지원 사업을 다양하게 구상하기 시작했다. 민간연구실이 현재에는 민간연계사업부로 바뀌었다. 해외 신흥시장의 지속가능한 개발목표(Sustainable Development Goals) 달성을 위하여 기존 ODA에만 의존해서는 안 된다고 보고, 기존 ODA사업의 노하우를 민간 기업에 확대 전파해야 한다고 본 것이다. 이는 일본정부 내에서 경제산업성이 전개해 오던 신흥시장의 빈곤 퇴치를 주된 목표로 하는 사업, 즉 BOP 비즈니스 연계 촉진을 위한 사업을 JICA가 인수하면서 본격화 되었다. JICA

중소기업 대상 설명회   중소기업의 해외 연수
                                              (출처: JICA)

는 2012년부터 이 사업을 시작하여 2016년까지 총 114개 사업을 지원했다. BOP란 저소득층(Base of the Economic Pyramid)을 의미하는 것으로, 연간소득이 3천 달러를 밑도는 계층을 뜻한다. BOP 비즈니스란 제품과 기술 서비스를 제공하여 이들의 생활수준을 향상시키자는 것이며 일본의 신청 중소기업에게 국제협력의 과제를 부여하는 것이다.

JICA가 개도국 과제와 관련하여 일본 중소기업을 지원하는 또 하나의 트랙으로 「발전도상국 사회, 경제개발을 위한 민간기술 보급 촉진 사업」을 꼽을 수 있다. 이것은 2013년부터 시작한 사업으로 일본 기업이 갖고 있는 제품·기술·시스템을 신흥시장의 개발에 적용하고자 하는 프로그램이다. 주로 도상국의 정부 관계자들을 주된 대상으로 하여, 일본 초청 연수나 현지 연수를 통해 실제로 제품을 선보이고 있다. 도상국 관계자들과 인적 네트워크를 형성하고 기술의 수요를 확대하여 일본 기업의 해외비즈니스 전개를 원활하게 하지는 취지에서 도입된 것이다. 오늘날 이 사업의 지원 규모는 1건 당 2천만 엔까지로 되어 있다. 2017년 제1회 사업은 그 해 5월 초에 공시되었으며 8월 하순에 선정 결과를 발표했다.

_6_
JICA의 민간기술 보급과 촉진

　여기에서는 JICA의 사업 가운데 하나로, 일본정부가 일본의 민간 기업들에게 개도국에 대한 인프라 수출을 지원하기 위해 시행하고 있는 「민간기술 보급과 촉진」 사업을 소개하고자 한다. 이는 공적 기금을 활용하여 국내의 민간 기업을 지원하는 정부의 움직임으로서 한국정부에게 있어서 귀감이 되고 있다고 생각되기 때문이다.

　JICA는 2017년 2월 9일 보도 자료를 통하여 7번째 사업의 대상 기업으로 10개 공모 기업을 선정했다고 발표했다. 이 제도가 처음 도입된 것은 2013년으로 한 해에 2차례씩 선정하여 지원해 오고 있다. 개도국 정부관계자를 일본에 초빙하여 연수와 견학을 실시하도록 하거나 일본 기업의 관계자가 개도국 현지를 방문하여 워크숍을 실시하도록 유도하는 사업이다. 일본 국내에 사업자 등록을 하고 있는 민간 기업에게, 이 기업이 가진 뛰어난 제품·기술·시스템을 알리고 개도국의 발전에 활용하도록 하자는 취지에서 시작되어 운영하고 있는 중이다.

　사업 1건 당 2000만 엔에서 5000만 엔을 2년에 걸쳐 지원한다. 2017년 2월에 「일반 사업」에서 2건, 「건강보건 특별사업」에서 4건, 「인프라 수출 특별사업」에서 4건 등 총 10건이 채택되었다. 「일반 사업」(1)에는 도쿄에 본부를 둔 쵸다이(長大) 주식회사가 채택되었다. 교통·토목·도시 인프라 건설을 주된 사업으로 하는 이 회사는 태국 국영 철도 차량의 화장실에 물을 사용하지 않고 친환경 「바이오 화장실」을 도입시키겠다는 아이디어를 제시했다. 그리고 이미 일본의 기술을 도입한 베트남에 태국 정부 관계자들을 방문 연수시키겠다는 계획을 발표했다.

「일반 사업」(2)에는 오사카에 본부를 둔 에어콘 제작 회사 다이킨(DAIKIN) 공업주식회사가 채택되었다. 이 회사는 멕시코의 환경부와 에너지절약청 관리들을 대상으로 하여 멕시코 현지에서 실측 시험에 기초한 에너지 절약 효과를 설명하겠다는 계획을 제시했다. 또한 이들을 일본으로 초빙하여 산업시설과 제조공정을 견학시킨다는 계획을 제시했다. 이 회사는 이 사업을 통하여 에너지 절약 효과가 큰 새로운 냉매를 사용한 인버터식 고효율 에어컨의 개도국 진출을 목표로 내세웠다.

「건강보건 특별사업」(1)은 도쿄에 본사를 둔 의약 · 검사 · 진단 회사, 에이켄(榮研)이 채택되었다. 이 회사는 지원 사업을 통하여 태국의 추라롱콘 대학을 대상으로 하여 현지에서 대장암 검진에 관한 기술연수와 주민검진을 실시하고 일본 시찰을 실시하여 일본식 대장암 검사법 채용을 홍보하겠다는 계획을 제시했다.

「건강보건 특별사업」(2)은 도쿄에 본사를 둔 데이터 통신과 시스템 구축 회사, NTT DATA가 채택되었다. 이 회사는 베트남 보건부와 국공립 병원 관계자를 대상으로 하여 병원 내 환자의 정보와 검진 정보를 일원화 하는 정보시스템 도입을 홍보해 가겠다는 계획을 제출했다.

「건강보건 특별사업」(3)은 오사카에 본사를 둔 페인트 제조업체, 간사이(關西)페인트가 채택되었다. 이 회사는 잠비아 보건부와 커뮤니티 개발부 관리들을 대상으로 하여 모기 방제 페인트와 바이러스 저항 페인트 등에 대한 이해를 촉진하고 보급을 추진하겠다는 계획을 제출했다.

또한 「건강보건 특별사업」(4)은 도쿄에 본사를 둔 화학섬유 제조회사, 도레이(TORAY)가 채택되었다. 이 회사는 기니아의 국립 동카병원을 대상으로 하여 감염증 확대방지를 교육하고 개인 방호복의 보급을 추진하겠다는 계획을 제출했다.

민간기술 보급과 촉진 사업 안내문(출처: JICA)

아울러 「인프라수출 특별사업」(1)은 도쿄에 본사를 둔 전기기계 제조 업체, 도코다카오카(東光高岳) 주식회사가 선정되었다. 이 회사는 필리 핀 정부의 에너지부 관리와 배전 사업자들을 대상으로 하여 신뢰도 높은 배전 계통 고도 운용시스템, 그리고 배전 계통의 계획과 운용기술에 관 한 이해를 높이고 도입을 추진하겠다는 계획을 제출했다.

「인프라수출 특별사업」(2)은 도쿄에 본사를 둔 대형 차량 제조업체, 히 노(日野)자동차 주식회사가 선정되었다. 이 회사는 태국의 교통부와 방 콕 대량수송공사 관리들을 대상으로 하여 하이브리드 버스의 시범운행 을 통하여 그 친환경성, 낮은 연비, 차량 내구성 등을 홍보하고 채용을 추진하겠다는 계획을 제출했다.

「인프라수출 특별사업」(3)은 도쿄에 본사를 둔 전기 인프라 종합회사, 히타치(日立)가 채택되었다. 이 회사는 인도 벵가룰, 첸나이시의 도시개발굴 관리와 버스사업자들을 대상으로 하여 probe 처리기술을 활용한 공공교통기관의 편리성 향상을 위한 정보 제공 시스템에 대한 이해를 높이고 이 도시에서 이 시스템을 도입하도록 하겠다는 계획을 제출했다.

또한 「인프라수출 특별사업」(4)은 도쿄에 본사를 두고 있는 Nippon Steel & Sumikin Metal Products로 돌아갔다. 이 회사는 주로 건축과 토목 분야에서 사용되는 철강제품을 제조하고 있다. 이 회사는 브라질의 도시부, 국가통합부, 리우데자네이로주, 산타카타리나주를 대상으로 하여, 철강제 투과형 모래 방지 뚝과 Soil Cement 모래 방지 뚝에 관한 기능·구조·시공을 홍보해 가겠다는 계획을 제출했다.

_7_
아프리카에 대한 일본의 ODA

　차세대 자원의 보고(寶庫)인 아프리카에 대해 세계 각국의 관심이 쏠리고 있다. 널리 알려진 바와 같이 아베 신조(安倍晉三) 수상은 2016년 8월 27일 케냐의 수도 나이로비에서 열린 제6회 아프리가 개발회의(TICAD6)에 참석하여 기조연설을 실시했다. 그 자리에서 그는 앞으로 3년 동안 민간자금을 포함하여 총 300억 달러에 달하는 투자액을 아프리카에 제공하기로 발표함과 동시에, 산업의 기반을 지탱하는 인재와 감염증 전문가 약 1000만 명의 인재를 육성하겠다는 구상을 나타냈다. 이 때 아프리카 개발회의는 아프리카에서 처음으로 개최된 것이다. 일본 외무성은 이 개발회의를 계기로 하여 새로운 차원의 일본과 아프리카 관계가 열렸다고 평가했다. 이와 함께 자원 가격의 하락, 에볼라 바이러스, 지역 분쟁 등의 현안을 해결해 나가는데 적극 돕겠다고 발표했다.[8]

2016년 8월 제6차 아프리카개발회의(출처: 外務省 홈페이지)

---

8) http://www.mofa.go.jp/mofaj/afr/af2/page4_002257.html

다음은 지난 제5회 아프리카 개발회의와 관련하여, 2013년 6월 필자가 발송한 웹진을 통해 당시 일본의 아프리카 개발회의 유치 노력을 한국 독자에게 소개한 글이다. 2012년 아프리카에 대한 한국의 교역 규모는 144억 달러에 달했다. 이것은 한국 전체 무역액에 비추어 1.3% 수준에 머물고 있다. 그런데 같은 시기 중국의 아프리카 교역액은 1,799억 달러, 미국 896억 달러, 인도 639억 달러, 일본 307억 달러를 각각 기록했다. 이 시기 가장 괄목할 만한 아프리카 진출 외교를 보인 것은 중국이라고 생각한다. 시진핑 중국 국가주석은 2013년 3월 취임하자 첫 해외 순방지로 탄자니아 · 남아공 · 콩고 등 아프리카 3개국을 선택했다. 중국은 과거 10년 동안 전략적으로 아프리카 투자에 집중했으며 2009년 미국을 제치고 아프리카 최대 무역국이 되었다. 한편 미국의 오바마 대통령은 2013년 3월 시에라리온 · 세네갈 · 말라위 · 케이프베르데 정상들을 백악관으로 초청했으며 같은 해 6월 하순에는 세네갈 · 남아공 · 탄자니아를 순방했다.

이처럼 아프리카 자원을 둘러싼 중국과 미국의 외교경쟁에 일본도 국제회의 유치와 원조 공여 약속을 통해 가세하고자 한 것이다. 2013년 6월 1일부터 3일까지 일본 요코하마(橫浜)에서 제5회 아프리카 개발회의가 열렸다. 이 회의에는 39명의 국가원수 혹은 정상을 포함하여 아프리카 51개국, 35개국 개발 파트너 관계자, 74개 국제기구 및 지역기구 대표, 그리고 NGO 대표 등, 총 4,500명 이상이 참가했다. 반기문 유엔사무총장을 비롯하여 제이콥 즈마(Jacob G. Zuma) 아프리카연합위원장, 김용(Jim Yong Kim) 세계은행총재, 헬렌 클라크(Helen Clark) 유엔개발계획총재 등이 참가하여 일본이 주최하는 국제회의 가운데 가장 큰 규모의 행사가 되었다. '약동하는 아프리카와 손을 잡고(Hand in Hand with a More Dynamic Africa)'를 대회 슬로건으로 하여, '강고하고 지속가능한 경제', '포용적이고 강인한 사회', '평화와 안정' 등을 테마로 하여 3일 동안 아프리카 개발 방향을 둘러싸고 활발한 회의가 펼쳐졌다. 특히 민간 주도에 의한 성장의 중요성을 반영하여 아프리카 국가정상들과 일본의 민간기업 대표가 직접 대화하는 세션이 이번에 처음으로 도입되었다.

환영현수막 요코하마 · 아프리카 개발회의
(출처: 外務省 홈페이지)

당시 아베 수상은 6월 1일 개회식 기조연설을 통해 아프리카에 대해 민관 지원 합하여 향후 5년간 총 3.2조엔(약 320억 달러)를 지원하겠다고 약속했다. 이것은 ODA는 1.4조 엔을 포함한 규모였다. 또한 그는 아프리카의 자조 · 자립을 강조하고 자원외교의 기조를 유지하면서도 과도하게 자원을 채굴하지 않겠다고 하는 '아베 이니시어티브'를 내세웠다. 그리고 자신이 빠른 시기에 아프리카를 방문하겠다는 의지를 보였다. 원조액 가운데 에티오피아나 세네갈 등 10개 지역에 인재육성을 위한 거점을 마련하고 직업훈련 전문가와 투자 자문가를 파견하겠다고 했으며, 6,500억 엔 규모로 송전망 등 다양한 인프라 정비를 지원하겠다고 했다. 그는 연설 가운데 수차례에 걸쳐 아프리카 국가들을 '파트너'로 지칭하고 대등한 입장에서 연대와 협력을 강화하겠다는 자세를 보였다. 그리고 향후 5년간에 걸친 일본의 개발지원계획을 구체화 하는 '요코하마선언

2013'과 '행동계획 2013-2017 문서를 채택했다. 이어 6월 3일에는 일본이 유엔 안보리 개혁을 목표로 하는 회의를 개최하여 일본의 안보리 진출 의도를 밝히고 아프리카 국가들의 협력을 요청하기도 했다.

일본이 주도하는 아프리카 개발회의의 영문 표기는 Tokyo International Conference on African Development (TICAD)이다. 1993년 이후 일본정부가 주도하고 유엔, 유엔개발계획(UNDP), 아프리카연합위원회(AUC). 세계은행이 공동으로 개최해 오고 있다. 5년에 한 차례씩 정상급 회담과 각료급 회담이 열린다. 제1회 회의는 1993년 10월에, 제2회 회의는 1998년 10월에, 제3회 회의는 2003년 9월에 각각 도쿄에서 개최되었고, 제4회(2008년 5월)부터 요코하마에서 개최되고 있다. 아프리카 국가정상들이 대거 일시에 일본을 방문하기 때문에 개별 정상회담의 일정이 빠듯해지지 않을 수 없다. 따라서 제3회 회의 기간 중에 23개국 정상들과 개별적으로 정상회담을 마친 후, 고이즈미 준이치로(小泉純一郎) 수상은 "이렇게 피곤한 정상회담은 처음이다. 지긋지긋하다"라고 감상을 표현하기도 했다.

제4회 회의 때부터 일본정부는 세계적인 세균학자로 생전에 아프리카 질병 퇴치에 노력한 노구치 히데요(野口英世, 1876-1928)를 기념하는 상을 제정하고, 아프리카 발전에 공헌한 세계적인 학자 2명씩을 선정하여 수상해 오고 있다. 노구치는 오늘날 일본의 1,000엔짜리 지폐에 초상화로 실려 있으며 세계적인 위인으로 일본에서 교육되고 있다. 영국인 브라이언 그린우드(Brian Greenwood), 그리고 케냐의 미리암 웨레(Miriam Were)가 2008년에 첫 번째로 이 상을 받았다. 2013년에는 벨기에 출신 런던대학 위생열대의학 대학원 피터 피오트(Peter Piot, 1949) 원장과 우간다 출신 국제에이즈백신추진구상(IAVI) 알렉스 코티뇨(Alex G. Coutigho, 1959) 위원이 각각 수상했다. 2013년 6월 1일 만찬회에서

Peter Piot Alex
(출처: JICA)

G. Coutigho

野口英世상 수여식

일왕 부부가 참석한 가운데 이들에 대한 수여식이 열렸다.

제5회 아프리카 개발회의 기간에 열린 「African Fair 2013」에는 80개 정도의 일본 기업과 단체가 식품 · 의료 · 전력 · 정보통신 · 환경보존 · 물 · 교통 · 옷 등을 테마로 하여 아프리카 시장에 어필할 수 있는 상품들을 전시했다. 아프리카 참가자들에게서 가장 큰 인기를 끈 것은 히타치(日立)가 개발한 유압식 지뢰제거기였다. 또한 아지노모토(味の素)가 아미노산 기술을 이용하여 개발한 이유기 어린이의 영양식 'KOKO Plus'도 인기를 모았다. 이외에도 납두균(納豆菌)과 탄산섬유를 활용한 수질 정화제, 초소형 나선형 발전기, 말라리아 예방용 모기장과 모기 박멸제, 연기와 그을음이 나지 않는 곤로, 태양광 발전을 이용한 냉장고, 화장실 악취 제거제 등이 인기를 모았다고 한다.

이러한 일본의 적극적인 아프리카 지원외교에 대해 경쟁국 중국에서 이를 비판하는 보도가 나왔다. China Net 일본어판이 2013년 6월 3일에 보도한 바에 따르면, 중국의 국제문제전문가의 말을 인용하여 일본정부가 아프리카에 대한 막대한 지원책을 발표하기는 했지만 진정한 동기가 의심스럽다는 견해를 내비쳤다. 일본의 약속이 효과적으로 실행된다면 분명 아프리카에게 바람직한 일이 되겠지만, 구두약속을 실행하지 않은 과거의 사례에 비추어 볼 때 그 효과가 의심스럽다고 했다. 예를 들어 2005년 일본을 비롯한 G8 국가들이 2010년까지 매년 아프리카 지원 규모를 250억 달러에서 500억 달러로 증가하기로 해놓고 막상 2011년에 지원한 실적은 380억 달러에 불과한데다가 그것도 대부분 채무 탕감이었고 새로운 원조는 매우 적었다고 했다. 또한 일본의 경우, 경제의 부진과 빈번한 정권교체 상황을 비추어볼 때, 이번에 제시한 대폭적인 지원 약속은 공염불이 될 가능성이 높다고 평가했다. 또한 일본은 아프리카 원조가 자원외교와 직접적인 관련성이 없다고 하고 있으나, 각종 에너지 · 자원 회의를 열고 있고 관련 일본기업을 지원하기로 하는 등 의구심을 갖게 하고 있다고 했다.

8

Juba Bridge 건설 지원

2013년 4월 12일 JICA는 2013년 1월부터 3월까지 3개월 동안 신흥국가와 무상원조 증여계약을 체결한 실적을 발표했다. 일본에서는 매년 4월부터 회계연도가 시작되고 있기 때문에 1월부터 3월까지는 회계년도 4/4분기에 해당하는 기간이다. 이때 JICA는 3개월 동안 총 53건의 무상원조 증여계약(Grant Agreement)이 체결되었다고 보도하고 각 안건을 정리한 목록을 발표했다. 이 자료를 조사해 보면 남태평양 통가(Tonga)에 Micro-Grid System 도입을 지원한 것을 비롯하여 라오스에 소규모 수력발전 건설계획을 지원한 것까지, 총 23개국에 대해 총 587억 7,280만 엔에 달하는 무상원조 계약을 체결한 것을 알 수 있다.

이때의 안건 53건 가운데 단일 규모로 가장 큰 것은 2013년 1월 17일에 체결한 남부수단(Republic of South Sudan)에 대한 '나일강 교각건설계획' 지원 프로젝트로 81억 3천 4백만 엔 짜리였다. 남부수단은 한국사람에게 '울지마 톤즈'로 널리 알려진 아프리카 중부에 위치한 국가다. 이때 JICA는 프로젝트의 대표적인 사례로 하여 남부수단과 맺은 계약 내용과 의미를 발표했다. 물자의 대부분을 수입에 의존하는 남부수단에게 있어서 수도 주바(Juba)와 이웃 우간다 혹은 케냐를 잇는 국제간선도로는 생명선이라 할 수 있다. 여기에 우간다 국내구간 일부에 일본정부의 유상원조가 제공되고 있는 것을 비롯하여 세계은행의 지원에 힘입어 도로정비가 추진되고 있는 것이다.

그런데 이러한 국제간선도로에서 주바 시내로 들어올 때 유일하게 통과해야 하는 교각, Juba Bridge는 남부수단에서 나일강에 건설되어 있는 유일한 교각이다. 이 교각은 임시로 가설된 교각으로 지난 2006년에 상부 구조물이 무너져 내린 것을 비롯하여 2010년에도 공사용 차량이 지나가면서 교각 일부가 꺾어지는 등 위험한 상태가 지속되고 있다고 보도되었다. 조속한 복구가 필요한 상황에서 JICA는 2008년부터 2010년까지 복구개발조사 「주바시 교통망 정비계획조사」를 실시하고 도로망 master plan과 capacity development plan을 책정하고 새로운 나일강 교각 건설을 최우선 사업의 하나로 제안해 왔다.

Juba Bridge(출처: afrotourism.com/attraction/juba-bridge/)

또한 일본정부는 2011년 10월부터 기술협력 「주바시의 지속적인 도로 유지관리 능력향상 프로젝트」를 실시하고 남부 수단의 도로교량 담당부처에 대해 능력강화를 지원해 왔다. 2013년 1월에 체결된 무상원조 계약은 이렇듯 JICA의 제안과 기술협력 경험을 토대로 하여 실현된 것이다. 원조계약 내용은 우간다와 케냐를 잇는 국제간선도로와 주바를 연결하는 길이 560미터 구간에 새로운 교각을 건설하는 것이며 이 교각이 건설

되면 수송력 강화와 더불어 남부 수단의 경제발전에 크게 기여할 것이라고 한다. 이 사업은 지난 2008년 5월에 일본 요코하마(橫浜)에서 열린 제4회 아프리카개발회의(TICAD)가 결정한 「광역운수망의 계획, 건설, 개량 지원」, 그리고 「인도, 부흥과 관련한 사업 지원」과 관련하여 일본정부의 약속을 이행하는 후속작업이기도 하다.

2장

일본의 청년해외협력활동

Contents ────────────────────────────────

_1_
대학의 국제개발협력 사업

JICA는 해외원조 사업 이외에도 국내 일본인 단체와 조직적인 협력을 강화하고 있다. 국내 단체의 협력과 이해 없이는 정부의 해외원조 사업이 원활하게 수행될 수 없기 때문이다. 이에 따라 NGO 단체와 정기 회합을 가지고 있고 풀뿌리 기술협력과 NGO활동에 대한 지원 사업을 전개하고 있다. 한국의 KOICA가 국제협력 이해증진 사업을 전개하고 있는 것과 마찬가지로, 일본의 JICA는 개별 프로그램을 통하여 일본의 각 대학에 대해 개발교육을 지원하고 있다.

JICA는 2015년 5월에 처음으로 니이가타(新潟)시에 위치한 국제대학과 각서를 교환했다. 현재 JICA의 이사장을 맡고 있는 기타오카 신이치(北岡伸一)가 당시에는 국제대학의 학장을 역임하고 있었고 국공립 대학의 법인화에 적극적인 자세를 표명하고 있었다. 그는 남달리 대학의 사회적 공언과 경쟁력 확보에 관심을 두고 있었고 그 일환으로 일찍부터 일본정부의 국제협력 사업에 지방대학이 협력해야 한다는 것을 주장해 왔다. 이러한 그의 주장과 행보가 일본정부에 받아들여져서 JICA 이사장에 취임하는 결과로까지 이어진 것으로 보인다. 국제대학과 각서를 교환한 이후 JICA는 2017년 11월에 이르기까지 다음 35개 국내대학과 포괄적인 협력에 관하여 각서나 협정을 맺었다고 공표하고 있다.[1]

OBIHIRO(帶廣)축산대학, HOKKAIDO(北海道)대학, AKITA(秋田)

---

1) https://www.jica.go.jp/partner/college/partnership.html

대학, NIIGATA(新潟)국제대학, TSUKUBA(筑波)대학, IBARAKI(茨城)대학, SAITAMA(埼玉)대학, TOKYO(東京)대학, WASEDA(早稲田)대학, SOPHIA(上智)대학, HITOTSUBASHI(一橋)대학, CHUO(中央)대학, SHIBAURA(芝浦)공업대학, YOKOHAMA(横浜)국립대학, YOKOHAMA(横浜)시립대학, NAGOYA(名古屋)대학, AICHI(愛知)대학, AICHI SHUKUTOKU(愛知淑德)대학, MIE(三重)대학, KYOTO(京都)대학, RITSUMEIKAN(立命館)대학, OSAKA(大阪)대학, KOBE(神戸)대학, KANAZAWA(金澤)대학, HIROSHIMA(廣島)대학, YAMAGUCHI(山口)대학, KAGAWA(香川)대학, EHIME(愛媛)대학, KOCHI(高知)대학, TOKUSHIMA(德島)대학, NARUTO(鳴門)교육대학, KYUSHU(九州)대학, RITSUMEIKAN ASIA PACIFIC(立命館アジア太平洋)대학, MIYAZAKI(宮崎)대학, RYUKYU(琉球)대학

아울러 JICA는 홈페이지를 통하여 일본 국내대학과의 협력 각서 교환이 다음과 같은 네 가지 효과를 가지고 있다고 홍보하고 있다. (1) 국제협력 사업의 질적인 향상 : 대학에 축적되어 있는 개발 분양 전반에 걸친 이론과 실천 경험을 중장기적인 협력을 통하여 활용할 수 있다. (2) 국제협력 인제의 효과적인 육성 : 대학의 교육기능을 통하여 국제협력을 담당할 인재를 효과적으로 육성할 수 있다. (3) 지식의 발신 강화 : 대학의 연구기능, 지식발신기능, 그리고 네트워크를 통하여 축적된 지적 재산을 효과적으로 발신할 수 있다. (4) 국제협력에 대한 이해의 촉진 : 대학의 홍보 기능 등을 통하여 국민 각층에 대해 국제협력 사업에 관한 이해를 증진시킬 수 있다.

또한 JICA는 설문조사를 통하여 일본 국내 각 대학들이 JICA와 협력 각서 교환을 통해 다음과 같은 세 가지 이점이 있다고 보고 있다. (1) 대학의 국제협력에 대한 적극적인 자세를 대외적으로 어필할 수 있다. (2)

국제협력에 관여하는 교직원의 업무를 추진함에 있어서 대학으로부터 이해와 지원을 받기 쉽다. (3) JICA와 정기적인 협의 등 정보 교환을 통하여 교육 필요성의 매칭이 보다 적절하게 이루어질 수 있다.

가나자와 대학과 JICA의 협정체결
(출처: 金澤大學)

Super Global University 로고

2017년 3월에도 JICA는 홈페이지를 통하여 가나자와(金澤) 대학과 포괄적 상호협력 각서를 교환했다고 발표했다. 이날 도쿄 중앙에 위치한 JICA 본부에서 JICA 이사장과 가나자와 대학 총장 사이에 협정서 조인식이 열린 것이다. 가나자와 대학은 「Super Global University」로서 국제화 인재 양성을 교육 목표로 하고 있고, 다양한 국제협력을 추진하고 있는 가운데, 필리핀에서 JICA 지원을 받아 풀뿌리 기술협력 사업을 수행하고 있고 이푸가오(Ifugao)의 세계유산 계단식 논 보존 사업을 수행하고 있어 JICA와 독독한 관계를 유지해 오고 있다. 이 대학은 국제화 교육을 지향하는 교육 방향으로 「Super Global University」을 제시하고 있는데, 이 프로그램은 2014년 9월 일본 문부과학성에 의해 세계적인 교육과 연구를 지원할 목적으로 시행되기 시작했다. 일본 전국에서 30개 대학 정도를 선정하여 국제화 거점 대학으로 육성하겠다는 것이다. 2017년 3

월 현재 도쿄대학을 비롯한 13개 대학이 「Top형 대학」으로, 니이가타 국제대학이나 가나자와 대학을 포함한 24개 대학이 「글로벌화 견인형 대학」으로 선정되어 있다.

_2_
청년해외협력대

　일본에서는 2015년 청년해외협력대(Japan Overseas Cooperation Volunteers, JOCV) 창설 50주년을 맞았다. 이를 기념하여 협력대의 활동을 소재로 한 영화 '크로스로드, Crossroads' 가 그 해 11월 일본 전국에서 개봉되었다. 비록 결과적으로 이 영화는 일반 대중에게 흥행을 일으키지는 못했으나, 청년해외협력대 경험자들을 중심으로 하여 조직된 청년해외협력협회(JOCA)가 기획하고 제작한 것으로 국제협력을 이해하는 사람들에게는 매우 유명한 영화로서 알려지고 있다. 배급회사는 TOEI Agency. 지난 2013년에 시나리오를 모집하고 2014년 1월에 제작을 시작했으며 영화 제목도 공모에 부쳐 '크로스로드' 로 결정했다. 제작진은 대체로 해외협력대 경험자로 구성되었다. Executive Producer 요시오카 이츠오(吉岡逸夫)는 1972년 에티오피아에 파견되었고 감독 스즈키 준이치(鈴木潤一)는 1985년 모로코에 파견되어 각각 영상분야에서 활동한 경험이 있다. 또한 각본을 담당한 후쿠마 마사히로(福間正浩)는 1990년 세네갈에 파견되어 시청각교육 분야에서 활동한 일이 있다.[2]

　청년해외협력대 사업의 주관 기관인 JICA는 이 영화의 개봉을 앞두고 대대적인 홍보에 나섰다. 이때 새로 선임된 JICA 이사장 기타오카는 그 해 11월17일 일왕이 참석한 가운데 해외청년협력대 결성 50주년 기념식을 성대하게 개최했다. 이 영화의 포스터에는 "자원봉사라니 위선이다" 는 협력대원의 푸념이 적혀있다. 그러나 이렇게 해외봉사를 부정적으로

---

2) http://www.joca.or.jp/eiga; http://crossroads.toeiad.co.jp/

만 생각했던 협력단 참가자가 국내에 돌아와 봉사체험을 되살려 일본 지방의 피해민 복구에 적극 나선다는 내용으로 이 영화는 구성되어 있다. 따라서 JICA로서도 이 영화를 전 국민적인 볼거리로 적극 홍보한 것이다. 이 영화는 해외에서 쌓은 자원봉사 경험이 결국 경험자 자신에게 값진 재산이 된다고 하는 점을 현실적인 교훈으로서 잘 보여주고 있다. 싱어 송 라이터로 유명한 가수 나카지마 미유키(中島美雪)가 부르는 주제곡 'Head-light, Tail-light'도 감동적인 분위기를 북돋우고 있다.[3]

크로스 로드 포스터   영화 제작 발표회
(출처: JICA)

이 영화의 공식 사이트는 대강의 스토리를 다음과 같이 소개하고 있다. 카메라맨 조수가 되었지만 뚜렷한 인생의 목표가 보이지 않는 나날을 보내고 있던 주인공 사와다(澤田)는 자신의 성격을 바꾸고 성공적인 인생을 살아보겠다고 마음먹고 청년해외협력대에 지원한다. 그러나 그는 매사 주위에 문제를 일으키는 사람으로서 훈련소에서부터 협력대 시

---

3) http://www.kasi-time.com/item-18343.html

스템과 충돌하게 된다. 자신과는 달리 철저하게 봉사정신으로 무장한 하무라(羽村)와 대립하기도 하고 협력대의 규칙을 어겨서 훈련 담당자로부터 꾸지람을 듣기도 한다. 2005년 두 사람이 함께 필리핀에 파견되어 일하게 되지만, 하무라는 시골에서 미꾸라지 양식 지도에 적극 나서는 반면, 사와다는 상대적으로 편한 관광성에서 일하면서도 불만이 가득한 나날을 보낸다. 사와다는 어느 날 야심적인 사진을 찍으려고 바기오 (Baguio) 거리에 나섰다가 현지의 소년(노엘)과 소녀(안젤라) 남매를 운명적으로 만나게 된다. 그들이 처한 빈궁한 생활환경에 대해 안타까움을 느끼면서도 자신이 어떻게 할 수 없다고 하는 현실의 무게를 안고 그는 일본으로 돌아간다. 그는 동일본대지진 회복을 위한 국내 자원봉사 활동에서 자신이 필리핀에서 경험한 것을 되살리며 일본인 피해자들에 대한 따뜻한 손길을 보낸다.[4]

세계적으로 해외봉사활동이 조직적으로 이루어진 것은 일반적으로 1920년대부터로 알려지고 있다. 프랑스 베르됭 (Verdun) 부근의 마을 재건을 위해 각국에서 파견된 자원봉사자들이 'Service Civil International' 이라고 하는 조직을 결성했는데 이것이 조직적인 국제자원봉사활동의 효시로 꼽히고 있다. 정부기구가 주도하고 국가의 지원 아래 해외봉사가 이루어지는 것은 전후에 들어서 미국이 1961년부터 평화봉사단 (Peace Corps) 을 시작하면서부터이다. 그 뒤를 이어 일본이 1965년에 해외협력대원을 파견하기 시작했다. 한국은 1990년에 한국국제협력단 (KOICA) 주관으로 해외봉사단 (KOV) 파견 사업을 시작했다. 오늘날 독일·벨기에·룩셈부르크 등도 정부기관에서 주도적으로 해외봉사단을 파견하고 있다. 반면에 영국·캐나다·프랑스·호주 등은 국가가 직

---

4) http://www.crossroads.toeiad.co.jp/index.html

접 개입하지 않고 NGO나 별도의 민간기구를 통해서 간접적으로 봉사단원을 파견하고 있다. 해외봉사의 유형은 기간별로 혹은 기능별로 다양하다. 공통적으로 지적할 수 있는 것은 협력단 대원이 자원봉사자로 파견되기 때문에 정부 파견 공무원과는 재정적인 보상에서 현실적으로 열악한 대우를 받는다는 점이다.[5]

일본의 경우 ODA의 일환으로 1965년 12월에 처음으로 협력대원 5명을 라오스에 파견했다. 영화 '크로스로드'의 배경이 되고 있는 필리핀에는 1966년 2월에 일본인 12명이 처음으로 파견되었고 2014년 말까지 총 1,561명이 파견되었다. 사업 초기에는 해외기술협력사업단이 이 사업을 주관했으나 1971년부터 JICA의 전신인 국제협력사업단이 이를 담당했다. 20세에서 39세까지의 청년들에 의한 봉사활동과 함께 1990년부터는 40세에서 69세까지의 장년층이 참여하는 '시니어협력전문가' 사업을 운영하기 시작했고 이것은 1996년부터 '시니어해외자원봉사' 사업으로 명칭을 바꿨다. 또한 1996년에는 중남미 거주 일본인사회를 주된 대상으로 하여 해외일본인사회 청년자원봉사, 그리고 관련 시니어 자원봉사 사업을 시작했다.[6]

지난 2000년에는 일본인 청년해외협력봉사대 참여자 수가 총 누계 2만 명을 넘었으며 오늘날에 이르기까지 총 88개 국가에 총 40,428명이 파견되어 활동했다. 시니어 봉사대까지 합치면 오늘날에 이르기까지 총 5만 명 정도가 해외에 파견되었다. 이제까지 일본인이 가장 많이 파견된 국가는 아프리카의 말라위, 그 다음이 필리핀, 케냐, 탄자니아 순이다. 청년해외협력대원의 경우 한 해에 두 차례에 걸쳐 JICA가 공모하며 보통 2년간 해외에서 봉사활동을 담당한다. 협력대원이 되기 위해서는 나

---

5) http://kov.koica.go.kr/ho/main.do

6) https://www.jica.go.jp/volunteer/application/seinen

가노현(長野縣)이나 후쿠시마현(福島縣)에 있는 JICA 훈련소에서 70일 간 정도 훈련을 받아야 한다. 영화 '크로스로드'에 소개된 바와 같이 미꾸라지 양식은 일본인의 필리핀 봉사 가운데 대표적인 성공 사례로 꼽히고 있다. '크로스로드'의 Executive Producer 요시오카는 2014년 2월 14일자 주니치신문(中日新聞)에 필리핀 마요야오(Mayoyao) 지역의 해외봉사 활동 취재 결과를 기고한 적이 있다. 마요야오는 유네스코에 자연유산으로 등재된 필리핀의 계단식 벼 경작지가 있는 곳 중에 한 지역이기도 하다. 그는 해외봉사활동을 확인하기 위해 마닐라에서 버스로 10시간 이상을 달려 이곳을 방문했다고 한다. 그는 청년협력대원 와타나베 주리(渡邊樹里) 씨가 이곳에 파견되어 현지 소수민족 주민에게 미꾸라지 양식 방법을 지도하고 있는 것을 직접 확인했다. 2차 대전 때 일본군이 가져왔다고 하여 이곳에서는 미꾸라지가 '일본산 생선'으로 불린다고 한다. 미꾸라지가 이곳에서는 식용 물고기로 고급 생선과 다를 바 없이 비싸게 팔리고 있다. 2차 대전 때 일본군은 마요야오 지역을 점령하기도 했고 미군과 이곳에서 접전하기도 했다. 그럼에도 불구하고 이곳에는 반일(反日) 분위기가 거의 없으며 이것은 일본인 청년협력대원의 헌신적인 봉사활동에 힘입은 바 크다고 한다. 24세 때 필리핀에서 봉사활동을 시작한 와타나베는 '크로스로드' 개봉을 앞두고 2015년 11월 6일 저녁 JICA에서 일반시민을 대상으로 하여 자신의 해외 체험을 이야기했다.

일본의 미꾸라지 양식 지도를 통한 해외봉사 활동은 앞으로 계속하여 해외봉사단 파견 사업을 확대해 가야 하는 한국에게 귀중한 메시지를 던지고 있다. 한국정부의 개발원조 일환으로 추진되고 있는 해외봉사단 파견 사업은 오늘날 정부차원에서 실시되는 해외봉사 프로그램 가운데 가장 규모가 크다. 게다가 2년이라고 하는 장기간에 걸쳐 봉사활동이 지원되고 수행된다는 점에서 그 의의와 중요성이 높다. 현재 KOICA가 일

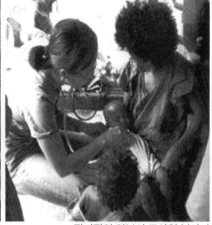

渡邊樹里 의 미꾸라지 양식지도 　　　필리핀의 일본인 조산원 봉사자
(출처: JICA)

반에 제공하고 있는 통계에 따르면 2011년 말까지 총 61개국에 8,787명
이 해외에 파견되었다고 되어 있다. 일반단원 6,450명, 협력요원 1,087
명, 협력의사 192명, KOICA-NGO 1,058명 등이다. 2010년부터 2013
년까지 KOICA가 사용한 예산 2조원 가운데 해외봉사단 예산으로 총
3,284억 원이 지출되었다.

　해외봉사가 성과를 거두기 위해서는 이 프로그램에 참가하는 청년들
이 현지 주민들에게 헌신적인 자세를 보여야 한다. 이를 위해서는 무엇
보다도 국내사회에 청년들의 봉사활동과 그 정신을 우대하는 문화가 일
반화 되어야 한다. 이러한 문화에서 해외문화를 겸허하게 받아들이고
현지주민과 함께 동거동락 하겠다는 헌신적인 자세가 배양되는 것이다.
지난 2009년에 한영태 연구자는 성균관대 국가전략대학원에 제출한 석
사논문 '해외자원봉사활동 발전방안에 관한 연구 : KOICA 해외봉사단을
중심으로'에서, 한국의 해외봉사단 파견 사업이 그동안 정부정책에 따라
규모가 급격히 확대되었지만 이에 따른 체계적인 시스템은 제대로 구축
되지 못했다고 지적했다. 또한 그는 앞으로 한국 해외봉사단이 해결해

KOICA 해외봉사단
(출처: KOICA 해외봉사단)

한국 봉사자의 미얀마 특수교육

야 할 과제로서 다음과 같은 점을 들었다. (1) 봉사정신이 퇴색하고 있는 상황에서 해외봉사단 철학과 이념을 새롭게 정립해야 한다. (2) 수요 조사에서 사업 수행에 이르는 전 과정을 체계화해야 한다. (3) 사후 관리를 통해 봉사단원들의 활동경험을 한국 사회에 환원시켜야 한다. (4) 많은 국민들이 참가할 수 있도록 홍보를 다양화해야 한다.

_3_
JICA 청년협력대원의 봉사활동

지난 2010년부터 2013년에 이르기까지 일본과 중국은 센카쿠(尖閣) 열도 (중국명 댜오위다오 釣魚島)의 영유권 분쟁을 둘러싸고 양국민의 극심한 대립을 보였다. 하지만 그 후 이 섬의 관할권을 둘러싼 법적 다툼이나 양국민의 국민감정이 계속하여 진행하고 있음에도 불구하고 국가간 분쟁으로 확대되고 있지 않다. 이러한 상황 가운데서 일본인 청년해외협력대원이 중국의 오지에서 현지 주민과 어울려 봉사활동을 전개하고 있다고 하는 소식이 전해지고 있다. 상대방 국가 주민의 마음을 얻는 일이 국가의 평화와 안보를 지키는 데에 있어서 얼마나 큰 가치가 있는 것인지 새삼 일깨워주고 있다. 이는 독도를 실효적으로 지배하고 있는 한국에게 더욱 더 큰 교훈이 되고 있다. 일본은 한국과 달리 인구도 많고 경제력도 강한 것 아니냐는 하드 파워를 우리는 주장하기 쉽다. 그러나 무시하지 못할 하드 파워의 이면에는 또 다른 측면의 소프트 파워가 존재하고 있다는 것을 우리 모두 인식해야 한다.

다행인 것은 한국에서도 국제협력 움직임 가운데 청년봉사단이 훌륭한 역할을 수행해 오고 있다. 종교단체를 비롯한 각종 단체에서 실시하고 있는 해외 봉사활동과는 별도로 한국의 KOICA는 매년 월드프렌즈 봉사단원을 모집하고 있다, 2017년 5월에도 '2017년 5차 월드프렌즈 코이카봉사단' 제117기를 모집했다. 일반 봉사단 280명과 시니어 봉사단 11명을 모집했으며 총 21개국에 2년간 파견되어 봉사 활동할 인력을 선발하고 있다. 공공행정 · 교육 · 농림수산 · 산업에너지 · 보건 · 기타 등 총 6개 분야, 33개 직종에 달한다. 지난 2015년까지 아시아 지역에서 네팔 등 12개국에, 아프리카 지역에서 가나 등 10개국에, 중남미 지역에서 니카라과 등 8개국에, 그리고 기타 3개국에 월드프렌즈 봉사단원들이 파견되어 각각 현지 주민들과 고락을 함께 했다. 선발된 봉사단은 강원도 영월의 KOICA 연수원에서 국내 직무교육을 받게 된다. 이들은 개별적으로 약간의 보수를 지급받는 가운데 해외에서 경험과 지식을 쌓고 국가적으로 외교와 교역을 위한 문화 선발대 역할을 담당한다. 따라서 KOICA는 이들을 '새로운 삶의 도전자', '지식경험의 공유자', '지역사회 변화의 촉진자', '문화교류의 매개자'라고 부르기도 한다.

한국의 코이카봉사단(출처: KOICA)

일본은 해외에서 어떻게 활동하고 있고 이를 국내외에 어떻게 홍보하고 있는지 간략하게 살펴보자. JICA는 1965년 4월 발족한 이후 해마다 봄과 가을에 JICA 봉사단을 모집하여 교육 후 해외에 파견해오고 있다. 2017년 7월 현재, JICA 봉사단 일반봉사요원 1,971명이 69개국에 나가 있는데, 지역별로 아프리카에 812명 (33%), 북미와 중남미에 696명 (28%), 아시아에 637명 (26%), 대양주에 227명 (9%), 중동 77명 (3%), 유럽 4명 (0%) 이 파견되어 있다. 이와 함께 시니어 봉사요원 352명이 59개국에 나가있고. 재외일본인사회 일반봉사요원 93명이 5개국에, 시니어 봉사요원 37명이 5개국에서 활동 중이다. 2015년도 JICA통계에 따르면, JICA 봉사단의 모집, 선발, 연수, 파견, 귀국 후 지원 경비 등으로 한 해 약 124억 엔을 사용하고 있다고 했다.[7]

---

7) https://www.jica.go.jp/volunteer/outline/publication/results/

중국의 일본인 청년해외협력대원

　지난 2016년 1월 8일 JICA는 중국에서 열린 청년해외협력대원 파견 30주년 기념행사를 대대적으로 보도했다. 베이징 시내 중일 청년교류센터에서 양국 관계자 약 160명이 모인 가운데 성대하게 기념식이 열렸다. 이 자리에서 JICA의 야나기사와 가에(柳澤香枝) 이사는 중국어로 중국에 대한 JICA 자원봉사단 파견 30년의 역사를 설명했다. 그리고 중국과학기술부의 국제합작국 진샤오밍(靳曉明) 국장은 일본 봉사대의 진지한 활동이 양국의 우호를 심화시키는데 큰 공헌을 했다고 인사했다. 이어 주중 일본대사와 중일우호병원 원장, 인민교육출판사 일본어편집담당자 등이 각각 인사말을 전했다 .

JICA협력대 중국파견 30주년 기념행사(출처: JICA)

　이 자리에서 내몽고의 천연자원을 일본에 판매하고 있는 OB협력대원 사카모토 다케시(坂本毅) 씨가 자신의 봉사대원 시절을 회고하여 청중들에게 감명을 안겼다. 그는 1991년부터 3년 동안 청년해외협력대원으로 내몽고에 부임하여 현지 고등학교에서 일본어를 가르친 바 있다. 귀국 후 1995년부터 그는 오사카에서 중국과의 무역사업에 관여했고 2001년 부터는 JICA 봉사대원 자문으로 베이징에 부임했다가 2004년 개인회사 인 'BANBEN'을 설립하여 운영하기에 이르렀다. 그는 내몽고자치구 올 도스(Ordos)에서 봉사활동을 하는 가운데 심각한 사막화 현상을 목격하 고 식림사업을 꿈꾸게 되었다. 그는 일본에 귀국하여 회사원으로 일하다 가 올도스의 제자와 재회한 후 제자들과 함께 올도스 지역 사막화 방지 사업에 뛰어들었다고 했다. 사업재원을 마련하기 위해 그는 'BANBEN' 을 통하여 내몽고에서 생산되는 돌소금이나 약초 등을 일본에 판매하는 비즈니스를 전개하고 있다고 했다. 그는 사진 자료를 통해 내몽고 지역 의 녹지대화 현상을 소개하고 현지인과의 교류 현황을 소개했다.

또한 2014년 7월부터 일본어 교육대원으로 활동 중이던 야마다 유야 (山田祐也) 씨도 기념식에서 자신의 국제협력에 관한 활동과 생각을 발 표했다. 그는 2014년도 제1차 협력대원이 되어 중국 허베이성 우한시(武 漢市)에 파견되었고 당시 이곳의 중등직업학교에서 일본어를 가르치고 있다고 했다. 그는 'JICA 자원봉사의 세계일기'라는 글을 통해 우한시의 숨겨진 자연과 문화, 그리고 그의 일상생활을 일반에 소개했다. 그는 봉 사활동 초기에는 일본과 중국의 차이점에 대해서 흥미를 가지고 있었는 데, 이제는 점차 일본인과 중국인의 공통점, 특히 감정과 인생관에 대해 생각을 많이 하고 있다고 하며 열변을 토했다.

일본은 1986년 12월 청년해외협력대원을 중국에 처음으로 파견했다. 이때 4명의 일본인 자원봉사 대원이 중국 땅을 밟았다. 그 후 2016년에 이르기까지 30년간에 걸쳐 총 807명이 중국에서 자원봉사활동을 이어온 것이다. 이 가운데 장년층에 의한 시니어 자원봉사대원으로 총 33명이 참가했다. 이들은 중국 현지 사람들과 함께 생활하고(同生活) 함께 일하며(同工作) 함께 생각한다(同思考)고 하는 '3동주의'를 실현해 오고 있다. 이들은 2011년에 발생한 동일본대지진이나 중일관계가 험악해지는 상황에서도 봉사활동을 끊이지 않고 전개했기 때문에 중국인들의 마음을 살 수 있었고 외교적으로 중일관계가 험악해졌을 때에도 오히려 현지인들로부터 위로와 감사의 메시지를 받으며 중국과 일본의 민간교류를 지속해 왔다고 말했다.

초대 협력대원 가운데 한 사람인 야마모토 히로시(山本弘志) 씨도 이 기념식에 참가하여 과거를 회고하는 발언을 했다. 그는 1986년에 헤이룽장성 다찡시(大慶市)에서 현지 어린이들에게 수영을 지도했다. 1987년 여름 어느 밤에 자신의 방에 현지 어린이들 10명 정도를 불러 TV를 보고 있었는데 일본인 군인을 악역으로 하는 항일전쟁 드라마가 시작되었다고 한다. 이때 그 자리에 있던 어린이 한 명이 야마모토 씨를 의식하고 민망하다고 여기고 나서서 TV를 껐다고 한다. 방안에 잠시 정적이 감돌자 중국인 코치가 '끄지 않아도 돼, 야마모토 선생님은 우리 선생님이니까'하고 말해 주었다고 한다. "일본인도 중국인도 마찬가지야"라고 배려하며 어린이들을 지도해 준 그 말에 야마모토 씨가 큰 감동을 받았다고 한다.

일본이 중국에 봉사대원을 가장 많이 보낸 것은 2006년도 총 48명이었다. 그런데 2014년도에는 1명, 2015년도에는 3명으로 그 규모가 심각하게 줄어들고 있다. 국내총생산 규모 세계 제2위로 급부상한 중국에 대해 더 이상 일본이 ODA를 제공할 명분이 없게 되었기 때문이다. 그러나 중국의 오지에까지 들어가 봉사활동에 임하는 협력대원은 일본정부로서 자랑스러운 존재들인 셈이다. 중일전쟁을 둘러싼 양국의 역사인식 문제가 양국 국민 사이의 알력을 심화시키고 있는 가운데에서도 일본은 중국과 친선을 유지해 가야하기 때문이다. 여기에 일본에 제품과 기술을 중국 시장에 원활하게 진출시키기 위해서는 일본에 대한 현지의 이미지를 높여 가야한다. 이처럼 의미 깊은 사업이기는 하지만 일본어, 일본문화, 스포츠 등을 중국 현지 어린이들에게 지도하는 등 '보이지 않는' 풀뿌리 우호 활동을 하기에는 지금 담당할 일손이 부족하여 위기에 직면해 있는 것이 사실이다. 교육 인력으로서 해외에 파견된 바 있는 대원들은 대체로 자신들의 봉사활동에 대해서 결과적으로 긍지를 갖고 있는 것으로 알려지고 있다.

_5_
Japan ODA Netwatcher

　일본 ODA의 아름다운 모습만을 홍보하거나 일본 청년해외협력대의 활동을 미화하는 일에 대하여 모두가 박수를 보내고 있는 것은 아니다. 일본의 국제협력사업에 대해서 이를 부정적으로 평가하는 단체도 적지 않은 것이 현실이다. 오늘날 JICA의 조직 변화를 유도한 비판론 가운데 과거부터 다수를 차지해 온 것이 일본정부가 응분의 원조부담을 지고 있지 않다는 비판이었다. 무역흑자와 해외채권으로 부를 누리고 있는 일본으로서 지나치게 인색하다는 견해였다. 특히 해외원조의 규모는 점차 커지고 있지만 증여 비율이 낮고 차관 조건이 수혜국에 불리하게 작용하는 경우가 많다는 것을 비판한 것이다. 또한 일본정부와 일본기업이 유착되어 ODA정책을 결정하고 있다는 비판도 만만치 않았다. 일본의 종합상사가 중심이 되어 일본과 수혜국을 연결하는 소위 '주식회사형' 정책결정 구조라고 비판한 것이다. 이와 함께 일본국민의 혈세로 이루어지고 있는 해외원조 자금을 JICA를 비롯한 원조 관련 기관이 함부로 낭비하고 있다는 비판도 강했다.[8]

　이러한 비판은 오늘날에도 계속 이어지고 있다. 이에 따라 JICA는 ODA 예산과 활동에 관한 정보를 일본 국민들에게 널리 알리고 투명한 조직으로 거듭나고자 하는 노력을 보이고 있다. 여기서 필자는 일본의 국제협력사업 전반에 관한 비판론을 분석하기보다 청년해외협력대 사업에 국한하여 일본청년들의 보응 없는 희생을 강조하는 목소리를 소개

---

8) 松井讓. 『国際協力論演習』. 晃洋書房. 1988年. pp. 173-181.

하고자 한다. 특히 1965년 청년해외협력사업이 전개되고 나서부터 오늘날에 이르기까지 55명이 목숨을 잃었다고 하며 일본정부를 상대로 하여 집단 소송을 전개하고 있는 피해자 단체들이 존재하기 때문이다. 이들은 현지 언어를 제대로 구사하지도 못하는 사람에게 봉사활동을 시키고 JICA가 이를 관리도 하지 않으며 고스란히 피해를 협력대원에게만 덮어씌우는 문제점을 폭로하는가 하면, 현지 주민들로부터도 전혀 고맙다고 인정받지 못하면서 발전도상국에서 일본 국민의 혈세를 낭비하고 있다고 주장하기도 한다.[9]

　해외봉사활동을 부정적으로 평가하는 사람들이 운영하는 대표적인 사이트 'Japan ODA Netwatcher (JODAN)'에는 중국에 파견되어 봉사하다가 피해를 입은 사건으로 다음 사례가 소개되어 있다. 술에 취해서 술집 지배인과 난투극을 벌인 일본인 협력대원이 상해사건의 범인으로서 중국정부에 의해 체포되어 유죄 판결을 받고 2년간 현지 형무소에 복역했다는 것이다. 이 사건은 일본정부 당국의 압력으로 일본에서 일체 보도되지 않았다고 한다. 난투극 당시에 JICA 직원이 그 술집에 있었음에도 불구하고 JICA는 이 사실을 오로지 은폐하기만 하고 사건과 무관하다는

JICA봉사단을 비판적으로 묘사한 2016년 도서
(출처: Kei Kawakita)

---

9) https://www.keikawakita.com/entry/201609jocv-jittai

입장으로 일관하고 있고 형무소 복역에 이르기까지 협력대원을 방치했다는 것이다.[10] 결국 이 협력대원은 일본에 귀국해서 중국에서 입은 상처로 인해 육체적으로나 정신적으로 폐인과 같은 생활을 보내고 있다고 했다. 이 사건에서 볼 때, 스스로 자기 통제를 하지 못한 협력대원에게 결과적으로 일본정부가 보호의 손길을 내밀기 어렵다는 것을 알 수 있다. 이 점에서 협력대원에게 부과되는 의무와 책임이 막중하다는 것을 새삼 실감하게 된다.

---

10) http://jica.fanspace.com/

_6_
중국의 일본 봉사단 활동 사례

위와 같은 일부 불미스런 사건에도 불구하고 협력대원으로 참가했던 사람들은 대체로 일본의 해외봉사 사업이 현지 주민들과의 교류를 통하여 전반적으로 일본에 대한 좋은 이미지를 심어주고 있으며 협력대원들이 일본에 돌아와서도 긍정적으로 지내고 있다고 평가하고 있다. 국가간 관계에서 외교당국이 할 수 없고 비즈니스 관계에서 기업이 할 수 없는 풀뿌리 민간 교류 사업을 해외봉사대원들이 담당함으로써 결과적으로 외교관계와 비즈니스관계를 원활하게 하는 역할을 수행하는 것으로 보고 있는 것이다. 다음 사례는 JICA 보도자료를 인용한 것으로서 중국에서 활동하는 일본 청년봉사대원의 존재를 부각시키고 있는 것들이다.

〈1〉 2014년 6월, 2년간 중국에서 봉사활동을 마치고 귀국한 어느 대원의 귀국 직후 글

2년간 매우 많은 일이 있었습니다만, 각각의 경우에서 주변 분들에 의지하고 극복할 수가 있었습니다. 협력대는 '세계도 자신도 변화시키는 일'이라고 합니다. 세계를 변화시킬 수 있었는가? 아닙니다. 그런 오만한 말은 할 수 없습니다. 자신이 바뀌었을 뿐입니다. 중일관계가 매우 긴박했던 시기에 파견되어 여러가지를 생각하게 하는 2년 동안이었습니다. 풀뿌리 교류의 중요성과 한계를 동시에 실감하는 일이 많았습니다. 하지만 적어도 제가 접한 학생, 동료, 주위 분들은 저를 통하여 '일본인'을 가까이 느낄 수 있었을 것입니다. 내 자신을 변화시킬 수 있었는가? 내 자

신이 일본인이라든가 중국인이라든가 관계없이 일상생활을 함께 함으로써 그들에 대한 관점이 좋은 의미에서 바뀌었다고 생각합니다.

〈내 자신 가운데 좋은 변화〉 (1) 근성이 강해져 대체로 모든 것을 받아들이게 되었다. (2) 누구에게나 무엇이든 의견을 전달할 수 있게 되었다. (3) 소심한 일에 신경쓰지 않게 되었다. (4) 중국어 회화가 가능해졌다. (5) 업무 밸런스나 자신의 행복에 대해 생각하게 되었다. (6) '하고 싶은 일', '소중히 여기고 싶은 일'이 분명해졌다. (7) 흘리지 않을 이야기 거리가 많아졌다. 〈이것은 나쁜 변화〉 (1) 시간의 흐름에 관대해졌다. (2) 어디서든 큰 소리로 얘기하게 되었다. (3) 일본에서 다른 사람만 없다면 마음에 담은 혼잣말을 일본어로 혼자서 크게 말하게 되었다. (4) 뭘 먹어도 병에 걸리지 않게 된 점에서 식품이나 환경 등 위생에 대한 감각이 떨어졌다.

일본에 귀국한 후에는 교육 관련 업무를 하고 싶습니다. 많은 세금을 들여서 활동을 하게 되었으니 이 경험을 그대로 일본사회에 환원시켜 갈 수 있기를 바랍니다. 무엇보다 일본에 돌아와서 아직도 이제까지 꿈을 꾸고 있는 것 같은 이상한 감각이 사라지지 않고 있습니다. 일본인 여성들이 모두 귀엽고 예쁘고 요리도 잘하고 매너도 좋습니다. 어디를 가도 수도꼭지를 틀면 따뜻한 물이 나오고 화장실도 수세식이 당연하고 전차나 버스는 정해진 시간에 다니고 어디를 가도 일이 바르고 빠릅니다. 하지만 무언가가 결핍되어 있는 것은 아마도 '귀국 후 쇼크'라고 불리는 것이겠지요. 2년간이라고 하지만 적은 시간은 아니었고 이제부터 천천히 고쳐갈 것입니다. 그러나 중국에서 습득한 자신 속의 소중한 것이나 감각 같은 것은 주위에 휩쓸려 버리지 않고 그대로 유지한 채 일본사회에 적응해 갔으면 좋겠습니다. 2년간 중국, 일본, 해외에서 지지해 주신 여러분, 정말 고맙습니다.

〈2〉 2000년 7월부터 2002년 7월까지 2년간 광시성 류조우시(柳州市)에 파견되어 유치원 교사 업무를 담당한 구보타 게이코(窪田景子) 씨의 귀국 직후 글

　21세기를 중국에서 맞으며 WTO 가입, 올림픽 유치 등으로 날로 신장하는 중국을 피부로 느꼈습니다. 제가 배속된 유치원은 1992년에 중국에서 처음으로 일본인 교사 대원을 받아들인 곳으로 이곳에서 선배 대원 3명이 미술, 음악, 체육, 몬테소리 교육, 등 각각 특성을 살린 협력활동을 행하고 성과를 올렸습니다. 여기에는 어린이 800면 정도가 다니고 있고 직원이나 보호자 모두 지적 수준이 높고 주간 첫 조례에서 국기를 게양하는 어린이의 부모들이 자랑스럽게 자녀들을 촬영하기도 했습니다. 저는 약 100명의 아동을 3개 반으로 나누어 교실을 운영했습니다. 또한 개인 활동과 함께 중국 간호사 대원의 활동을 모델로 하여 그룹 활동의 필요성을 탐색하고 있었습니다. 중국에서 요구되는 기술 수준이 높기 때문입니다. 현재 중국에서는 그룹 활동의 가능성을 탐색하면서 8명의 협력대원들이 활동하고 있습니다. 저는 귀국 후에 도쿄 시내 양호학교에서 비상근 강사로서 근무하고 있으면 지체부자유 아동들과 관련이 있는 생활을 보내고 있습니다.

구보타 게이코(窪田景子)의 봉사활동
(출처: 구보타 게이코 블로그)

〈3〉 2008년도 제4차 협력대원으로 2009년 3월부터 2년간 귀조우성 귀양시(貴陽市)에서 일본어를 가르친 이마이즈미 도모코(今泉智子) 씨의 2010년 1월 글

제가 중국에 온 것은 2009년 3월 23일입니다. 우선 베이징에서 3주간 현지훈련을 받습니다. 주로 중국어를 공부합니다만, 베이징 JICA 사무소에서 사무수속과 안전대책에 관한 지도를 받습니다. 중국어 선생님 집에 가서 함께 만두를 빚은 일도 있습니다. 어학 수업이 없는 시간에는 동기 대원들과 함께 베이징 시내관광을 즐기기도 했습니다. 물론 만리장성에도 가 봤습니다. 어학훈련을 하고 있는 학교에서 소풍을 따라 갔기 때문에 일반 관광지로서 유명한 장소는 아니었습니다. 그러나 험한 길을 4시간이나 걸어서 올라가 지치기는 했어도 만리장성의 다른 모습을 볼 수 있었습니다.

3주간의 훈련을 마치고 4월 13일 드디어 귀양에 부임했습니다. 귀양시는 귀조우성의 수도입니다만 일본에는 그다지 알려지지 않은 장소라서 현지에 대한 정보를 거의 모르고 갔습니다. 앞으로 2년간 도대체 어떤 생활을 하게 될 지 기대도 있었고 불안도 많았습니다. 하지만 도착해서 곧 불안이 사라졌습니다. 제가 도착한다는 정보가 전달되자 남학생 몇 명이 나서서 일본에서 보내 온 짐들을 제 방에까지 날라다 주었습니다. 다음 날은 동료 중국인 일본어 교사가 은행구좌 개설과 휴대전화 등 여러 가지 수속을 도와주었습니다. 물론 일본어가 유창하기 때문에 전혀 어려움이 없었습니다. 그리고 일본어 배우는 학생들이 주최하고 있는 일본어 코너에도 불려갔습니다. 새로운 선생님이 부임했다고 많은 학생들이 왔기 때문에 그 날 내 휴대폰에는 얼굴과 이름이 일치하지 않는 학생들의 번호가 가득 찼습니다. 그 후에도 매일 학생들이 무엇이든 도와주었습니다. "선생님, 필요한 것 없어요?" 하며 전화를 걸거나 쇼핑을 데리고 가 준 학생. 슈퍼마켓에 가는 도중에 만나서 동행해 준 학생. 또한 어

이마이즈미(今泉智子)의 봉사활동(출처: 이마이즈미 블로그)

디에서 밥을 먹어야 될지 모를 거라고 생각해서 부임한 첫 주는 매일 밤 학생들이 식사에 초대해 주었습니다.

　일본의 대학에서 혹시라도 새로운 외국인 교사가 왔다고 해서 이처럼 친절하게 대접을 받을 수 있을까요? 결코 있을 수 없다고 생각합니다. 일본어 교사의 경우, 동료들이나 학생들이 일본어를 할 수 있으니까 언어에서 고생할 일이 그다지 없습니다. 파견 전 훈련에서 2개월 동안, 베이징에서 3주간 동안 공부한 보잘 것 없는 중국어 실력도 덕분에 그다지 늘지 않았습니다...... '청년해외협력대'라고 하는 이름으로 와 있으면서도 매일 협력을 받기만 하고 있기 때문입니다.

_6_
리우 올림픽 선수에 대한 일본인의 지도

2016년 제31회 하계 올림픽이 역사상 처음으로 남아메리카 대륙에서 열렸다. 8월 5일부터 8월 21일까지 브라질의 리우데자네이루에서 개최되어, 브라질은 2014년 FIFA 월드컵에 이어 연속으로 대규모 스포츠 대회를 치렀다. 리우 올림픽에서 한국은 양궁과 태권도를 앞세워 종합순위 8위를 기록했다. 육상 종목과 수영에서 메달이 나오지 않는 등 부진함을 보이기도 했지만, 양궁, 사격, 펜싱 등에서 한국 선수들은 명장면을 연출하며 국민들에게 기쁨을 안겨주었다. 한편 일본은 이번 올림픽에서 유도와 여자 레슬링을 앞세워 다양한 종목에서 두각을 나타냈고 종합순위 6위를 기록했다. 이것은 2020년 도쿄올림픽을 앞두고 일본 정부가 엘리트 스포츠에 적극적으로 투자한 결과라는데 이견이 없다. 하계 올림픽의 폐막에 이어 제15회 장애인 올림픽(패럴림픽)이 2016년 9월 7일부터 18일까지 리우데자네이루에서 열렸다. 이번 패럴림픽에서도 하계 올림픽 못지않은 '인간 승리'보도들이 쏟아져 나와 우리에게 커다란 감동을 선사했다.

여기서는 리우 올림픽에서 보인 일본인 청년해외협력대원의 활약상과 함께 일본의 개도국 스포츠 지원에 관한 움직임을 소개하고자 한다. JICA의 브라질 사무실이 2016년 9월 14일 JICA 홈페이지에 올린 글을 중심으로 하고 여기에 인터넷 자료들을 추가하여 글을 정리했다.

(1) 사모아 청년해외협력대원 江口吹樹(에구치 후부키) 감독

그는 사모아의 유도 대표 데렉 수아(Derek Sua) 선수를 지도하여 그

에구치 후부키 감독과 수아 선수(출처: JICA)

를 리우 올림픽에 출전시켰다. 에구치 감독은 어릴 때부터 유도를 해 왔는데 2015년 2월부터 JICA 청년해외협력대원에 선발되어 사모아에서 유도를 가르쳐 왔다. 사모아 도착 후 그가 처음으로 현지 유도 연습실을 방문하자 몸무게 160kg이 넘는 커다란 남성이 어린아이들에게 유도를 가르치고 있었다고 한다. 바로 수아 선수였으며 두 사람의 인연은 이렇게 시작되었다. 사모아에는 그의 연습 상대가 될 만한 같은 체격의 선수가 없었기 때문에 에구치는 어린이들을 지도하면서 틈틈이 수아 선수의 지도도 담당해야 했다. 체중에서 100kg 정도가 차이가 나는데도 불구하고 그는 몸을 맞부딪쳐가며 수아 선수를 지도했다. 수아 선수는 100kg 이상 체급 선수로 이번 올림픽에 출전했으나 결과적으로 메달권에 들지는 못했다. 그는 언론 인터뷰에서 에구치 감독의 기술에 혀를 내둘렀다. "지금도 60kg 정도의 감독한테 엎어치기를 당해요."

(2) 솔로몬 제도의 올림픽위원회 임원 후지야마 나오유키(藤山直行):

그는 육상 대표 선수 두 명을 리우 올림픽에 내보냈다. 솔로몬 제도에 26년간 거주해 오고 있는 후지야마는 1990년에 어린이들에게 체육을 지

솔로몬제도 육상선수와 후지야마 나오유키
(출처: JICA)

도할 목적으로 청년해외협력대원에 자원하여 이 나라에 들어갔다. 그 후
기회가 생겨서 국가대표 팀을 지도하게 되었고 이제는 이 국가의 올림픽
협회에 소속하여 활동하고 있다. 처음 육상 지도를 시작했을 때에는 현
지 선수들이 모이지 않아 비가 내리는 날 혼자서 운동장에 서서 선수를
기다리는 일도 많았다. 그러나 점차 선수들이 육상 경기를 좋아하게 되
면서 제대로 연습에도 임하게 되었다. 그는 협력대원 직무를 마치고 솔
로몬에 남아 자영업을 하면서 육상 경기의 보급과 지도를 담당해 왔다.
이번에 5000미터 경주에 남녀 선수 2명을 파견했다. 비록 메달권에 들지
는 못했으나 모두 자신의 베스트를 다한 것으로 후지야마는 평가했다.

(3) 남수단 선수 참가 경비를 JICA가 지원 :

이번 리우 올림픽에 처음으로 국가 대표를 파견한 남수단에 대해 JICA
는 선수들의 올림픽 출전을 지원했다. 남수단은 분리 독립 찬반을 묻는
주민투표를 거쳐 2011년 7월에 수단으로부터 정식으로 분리 독립한 신
생 국가다. 이 나라에서 3명의 선수가 이번 리우 올림픽에 출전했는데
이들의 올림픽 참가를 위한 경비는 JICA에 의해 지원되었다. 이들은 모
두 육상 부문에 참가했고 남자 1500미터 경기와 여자 200미터 경기에
서 두 명은 예선에서 탈락하는 부진을 면치 못했지만, 구오 마리알(Guor

Juba의 전국 체전(출처: JICA)

Marial) 선수만은 남자 마라톤에서 2시간 22분 45초를 기록하고 82등을 차지하여 세간에 알려졌다.

이외에도 JICA는 남수단의 스포츠 발전을 다양하게 지원했다. 특히 2016년 1월에 남수단의 수도 주바에서 열린 최초의 전국 체전은 일본의 자금 지원과 건설장비 동원에 힘입어 개최된 것으로 유명하다. 남수단에 파견중인 일본자위대 공병대와 이곳에서 토목공사 중인 일본 기켄(技研) International, 그리고 대일본토목 주식회사가 각각 공사를 담당한 것이다. 여기에다가 일본정부는 남수단 정부에 대해 지속적인 선수의 올림픽 참가를 지원하고 2020년 도쿄 올림픽을 향한 5개년 국가 계획의 수립과 관리를 담당하겠다고 했다. 또한 유도나 공수와 같은 일본에서 시작된 경기를 이 나라에 보급하고 선수들을 양성하는 데에도 JICA가 이를 적극 돕겠다고 약속했다고 한다.

3장

아시아 태평양 지역의 일본 ODA

Contents

_1_
일본의 아시아 재난복구 지원

아시아 지역에서는 해마다 태풍과 홍수 등으로 인한 피해 사건이 발생하고 있다. 2017년에 발생한 태풍만 하더라도 9월의 '마링(Maring)'과 10월의 '란(Lan)' 등의 태풍이 필리핀을 통과하면서 이 지역에 많은 피해를 남겼다. 일본과 한국 그리고 중국은 이들 지역의 자연 재해에 대한 외교적 지원을 아끼지 않고 있다. 필자는 지난 2012년 12월 17일에 웹진을 통하여 당시 필리핀 태풍 피해에 대한 일본정부의 발 빠른 지원 상황을 소개했고, 2013년 8월 19일에는 미얀마 홍수 피해에 대한 지원 상황을 소개했다. 여기서는 아시아 지역에 대한 일본정부의 ODA지원에 앞서 아시아 지역 자연재해에 대하여 일본정부가 인도적인 차원의 지원 노력을 하고 있는 상황을 간단히 소개하고자 한다.

(1) 2012년 필리핀 태풍 피해에 대한 일본정부의 지원

2012년 12월 4일 남부 민다나오섬에 상륙하여 필리핀을 강타한 태풍 24호 보파(Bopha)는 수많은 피해를 남겼다. 400명이 넘는 사망자에 500명이 넘는 실종자, 21만 채가 넘는 가옥이 부서지거나 유실되었고 23만명이 넘는 이재민이 발생했다. 베니그노 아키노(Benigno Aquino) 대통령은 지난 8일 '국가재해사태'를 선포하고 군과 관계기관에 대해 피해지역에서 지원활동을 강화하도록 지시했다. 한국의 외교통상부는 12월 7일 피해 긴급 구호 지원금으로 필리핀에 20만 달러를 지원하기로 했다고 발표했다. 한국의 지원금은 필리핀 정부와 현지 한국공관이 협의하여 구호물자를 구입하는데 사용되었다.

2012년 민다나오의 태풍 피해(출처: y-asakawa.com(좌), jiji.com(우))

　이때 일본정부도 필리핀의 태풍 피해에 대한 신속하고 활발한 지원 움직임을 보였다. 세계의 가난한 어린이를 돕는 민간단체 Plan Japan을 비롯하여 각종 민간단체들이 필리핀 거류 일본인의 유투브 동영상 등을 통하여 필리핀의 피해 상황을 리얼하게 전달하며 필리핀에 대한 지원 모금 활동을 전개했다. 12월 5일 노다 요시히코(野田佳彦) 일본 수상이 필리핀 대통령에게, 겐바 고이치로(玄葉光一郎) 외무대신이 필리핀 외무대신에게, 각각 외교채널을 통해 위로의 뜻을 전달하고 일본이 필요한 지원을 행하겠다고 하는 의사를 표명했다. 일본 외무성의 지원 의사에 따라 산하기관 JICA는 8일 긴급 물자원조 대책 1호를 발표했다. 이때 발표한 원조물자의 내용으로는 천막 300개, 플라스틱 깔개 200개, 폴리에틸렌 음료 탱크 3,000개, 취침용 패드 3,000개를 긴급 조달하여 지원하겠다고 했다. 이러한 물자는 일본에서 구입하여 마닐라에 긴급 수송한 것으로 알려지고 있다. JICA는 원조물자 조달 비용으로 수송비를 포함하여 4,500만 엔(약 6억원)이 소요되었다고 발표했다.

(2) 2013년 미얀마 홍수 피해에 대한 일본정부의 지원

한국과 일본 양국의 기업인과 투자가들이 경쟁적으로 미얀마에 진출하고자 노력하는 가운데 양국 정부도 국제협력(원조)을 통하여 각각 국내기업의 미얀마 시장 진출을 원활하게 하고자 하는 노력에서 경쟁하는 움직임을 보이고 있다. KOICA의 통계에 따르면 한국은 국제협력단(KOICA)을 통해 2006년부터 2010년까지 미얀마에 1812만 달러어치 무상원조를 제공했으며, 일본은 같은 시기 JICA를 통해 미얀마에 대해 9486만 달러어치 무상원조를 제공한 것으로 되어 있다. 미얀마에 대한 무상원조에서 일본이 언제나 수위를 차지하고 있는 반면에 한국은 2005년과 2006년에 제4위를 차지한 것을 제외하고는 6위 이하로 밀려나 있어 상대적으로 미얀마의 중요성을 인식하지 못하고 있는 것을 알 수 있다.

OECD국가들은 미얀마에 대한 원조 방침으로 정치적 개입을 최대한 피하기 위해 미얀마 정부를 직접 상대로 하는 원조를 하지 않고 국제기구를 통한 인도적 지원을 기본으로 하고 있다. 따라서 원조를 둘러싼 협의도 미얀마 정부를 거치지 않고 제공국 커뮤니티와 국제기관, 그리고 NGO기구에 의해 협의되고 시행되고 있다. 현재 주된 협의체로서는 UN이 매월 주관하는 '미얀마 인도지원관련자회의(Myanmar Humanitarian Partnership Group), 제공국 커뮤니티가 매월 주관하는 원조효율화 파트너십 회의(Partnership Group for Aid Effectiveness)가 있다. 이러한 상황에서 금번 홍수피해 복구를 위한 긴급지원에서와 같이 일본정부가 미얀마에서 존재감을 드러낼 수 있게 된 데에는 일본이 이제까지 꾸준한 원조를 통해 미얀마 정부로부터 신뢰를 얻어왔기 때문으로 보인다.

2013년 7월 하순, 미얀마에 홍수가 쏟아져서 KAYIN, MON, TANINTHARYI, RAKHINE, AYEYARWADY 등 남부 지역에 막

구호품 전달　　　　　　　　　인재개발센터 방문
(출처: JICA)

대한 피해를 발생시켰다. 미얀마 정부의 발표에 따르면, 지난 8월 5일
까지 사망자 6명과 피난민 2만 4천 명이 발생했으며, 이에 따라 60여 곳
에 임시 피난민 수용소 캠프를 설치했다고 했다. 미얀마 정부의 긴급지
원 요청에 따라 일본정부는 곧 바로 모포와 슬리핑백을 각각 2,100매씩
지원하기로 했다. 일본정부는 원조물자와 수송경비를 환산하면 1,300만
엔에 달한다고 발표했다. 이들 물자는 8월 8일 양곤에 도착했고 미얀마
주재 일본대사관의 마에다 다카시(前田敬) 서기관을 통해 미얀마 정부에
전달되었다. 이때 일본정부가 미얀마에 대해 긴급하게 지원한 것은 미얀
마 정부의 개별적인 긴급 요청이 있었기 때문이다.

_2_
일본의 미얀마 ODA 프로그램

오늘날 JICA 홈페이지에는 각국에 대한 유무상 자금협력과 기술협력 내역이 나타나 있는 가운데, 미얀마에 대한 ODA 내역도 비교적 상세하게 나타나 있다. 무상자금 프로그램만을 사례로 들면, 2017년도에는 인재육성장학계획이 결정되었고, 2016년도에는 13개 프로그램이 결정되어 자금이 집행되었다. 13개 프로그램 가운데 UN을 비롯한 국제기구와의 연계 프로그램을 제외한 5개 프로그램은 실질적으로 일본정부가 주도하는 프로그램이라고 말할 수 있다. 다음 설명에서 알 수 있는 바와 같이, 일본정부가 주도하는 ODA 자금은 일본에서 제공되는 것이기는 하지만 실질적으로 현금이 미얀마 정부로 제공되는 일은 드물고 일본의 기업이나 기관에 제공되는 일이 많다. 실질적으로 미얀마에는 일본에서 사용되어 온 기자재나 물품, 또는 일본 기업에 제작한 가자재가 전달되는 일이 많은 것이다.

2016년도 JICA의 미얀마 ODA 프로그램

(1) 국민화해 · 평화구축 프로세스 지원계획 (UN 연계／UNOPS 실시)

(2) 미얀마 라디오 TV 방송기재 확충 계획

(3) Magway 종합병원 정비계획

(4) 경제사회 개발계획

(5) UN세계식량계획(WFP)을 통한 무상자금협력 (식량지원)

(6) 미얀마의 아동보호 향상계획 (UNICEF 연계)

(7) 인재육성 장학계획

(8) 구제역 대책 개선계획

(9) 미얀마의 법적지배 향상계획 (UNDP 연계)

(10) 소수민족지역의 긴급식량 지원계획 (WFP 연계)

(11) 소수민족지역의 분쟁영향 집단을 위한 농업생계 및 강인성 향상 계획 (FAO 연계)

(12) 소수민족지역의 피난민 긴급 지원계획 (UNHCR 연계)

(13) 소수민족지역의 빈곤층 집단 긴급 지원계획 (UN 연계／UN-Habitat 실시)

2017년도와 2016년도에 실시된 '인재육성 장학계획'은 2017년도의 ODA 제공 한도액은 총 6억 1,000만 엔이며 2016년도의 ODA 제공 한도액은 총 5억 9,400만 엔이었다. 장래에 미얀마의 지도자가 될 것으로 기대되는 젊은 행정 관료 등이 일본의 대학원에서 석사학위 또는 박사학위를 취득하고자 할 때 이에 대해 자금을 지원하는 것이다. '미얀마 라디오 TV 방송기재 확충 계획'은 2016년도 ODA 제공 한도액이 총 22억 6,300만 엔이었고, 양곤 및 네피도에서 국영방송국인 미얀마 라디오 TV방송국의 방송기재를 확충하고 표현역량이 풍부한 질 높은 보도 프로그램 제작을 지원한 것이다. 'Magway 종합병원 정비계획'은 2016년도 ODA 제공 한도액이 총 22억 8,100만 엔으로, Magway 지역에 핵심 병원인 종합병원의 시설과 기자재를 제공하는 것이었다. 또한 2016년도 '경제사회 개발계획'은 세 차례에 나누어 지원되었는데 총 ODA 제공 한도액은 24억 4,500만 엔이었고, 소수민족 지구인 라카잉(rahkuing) 지역에 새로운 여객선 건조 비용을 제공하거나, 인프라 정비를 위해 일본에서 제조된 기자재 등의 비용을 제공하는 일이었다. 또한 '구제역 대책 개선계획'은 2016년도 ODA 제공 한도액이 총 14억 1,700만 엔으로, 양곤의 국립 구제역연구소에 대해 구제역 진단과 백신 제조를 위한 시설 및 기자재 마련을 위한 필요한 자금을 제공하는 일이었다.[1]

필자는 과거 2013년 4월에도 JICA가 발표한 계약 내용을 중심으로 하여 미얀마에 대해 일본정부가 어떻게 ODA를 지원하고 있는지, 웹진을 통해 소개한 일이 있다. 그때 2013년 1월부터 3월 사이의 3개월 동안 이루어진 계약 내용을 볼 때 계약 상대는 총 23개국이었는데 이 가운데 미얀마에 일본정부가 가장 많은 무상원조를 제공하기로 한 것임을 밝혔다. 이것은 일본이 아시아국가 가운데 미얀마에 적극 진출하고 있는 상황을 잘 말해주는 것이었다. 2013년 초에도 3개월 동안에 일본이 미얀마에 무상원조를 제공하기로 계약한 금액이 194억 6,200만 엔에 달한다.

이때 미얀마는 2011년 3월에 출범한 테인 세인(Thein Sein) 대통령을 중심으로 하는 새로운 정권이 민주화와 국민화해를 기치로 내걸고 개혁을 추진하고 있었다. 여기에 일본정부는 과거 군사정부를 이유로 하여 기초생활분야(BHN)에만 지원해 오던 무상원조 범위를 대폭 확대하기로 하고 소수민족에 대한 지원, 경제성장을 촉진하기 위한 인프라 지원도 추진하겠다고 발표했다. 일본정부는 종래에 해오던 기초생활분야에 대한 지원을 확대하고 여기에 인재육성을 통한 경제개혁 지원으로서 '경제개혁 프로그램'을 실시하겠다고 했다. 그리고 경제성장을 위한 인프라 정비 지원으로서 양곤의 도시개발, 항만 정비, 운수교통망 정비 등을 지원하겠다고 했다. 2013년 3월 22일 일본정부가 미얀마와 체결한 무상원조계약 내용을 보면, 병원의료기자재 정비계획을 비롯하여, 도로건설기

---

1) http://www.mofa.go.jp/mofaj/gaiko/oda/data/gaiyou/odaproject/asia/myanmar/contents_01.html#2803

자재 정비계획, Ferry 정비계획, 공항보안시설 정비계획, 기상관측장치 정비계획, 수력발전소 보수계획, 그리고 소수민족지역에 대한 지원계획 등, 다양한 안건에 대한 지원계획이 포함되어 있었다.

_3_
일본 병원의 캄보디아 수출

　다음은 2016년 11월 28일에 발송한 웹진의 글을 새롭게 편집한 것이다. 아시아 개도국 가운데 캄보디아의 경제성장 속도는 대단히 빠른 편이다. 지난 2015년 세계적으로 경기 침체가 일반화된 상황에서도 캄보디아는 전년 대비 GDP 성장률에서 6.9%를 기록하여 비교적 순조롭고 빠른 경제성장세를 유지했다. 이에 따라서 한국 기업의 캄보디아 진출도 각 분야에서 활발하게 나타났다. 2013년 7월에는 캄보디아 노동부가 파악한 현지 한국기업 숫자가 총 64개였다고 하는데, 실제로는 이 숫자보다 보다 훨씬 더 많은 한국 기업들이 캄보디아에 진출해 있을 것으로 필자는 추측했다.

　한국의 언론 보도에 따르면 현대코퍼레이션그룹의 계열사인 현대C&F가 2016년 11월 21일 프놈펜에서 현지 파트너인 마오 레거시 측과 '검역시설을 포함한 캄보디아 농산물유통센터(APC) 건립에 관한 양해각서'에 서명했다고 한다. 이날 양해각서 체결식에는 캄보디아 주재 김원진 대사, 캄보디아 상무부 판 포삭 장관, 정몽혁 현대코퍼레이션그룹 회장, 김현식 캄보디아 한인회장, 권경무 코트라 무역관장, 방진기 코피아 소장 등이 참석한 것으로 알려지고 있다. 양해각서에 따라 현대C&F는 프놈펜 인근에 망고 등 농산물 수출을 위한 검역시설이 포함된 농산물유통센터를 조만간 단계적으로 조성할 계획이라고 밝혔다.[2]

　한국에 비하면 일본에서는 훨씬 더 많은 기업들이 캄보디아에 진출하

---

2) 연합뉴스. 2016년 11월 22일.

고 있다. 2014년 말까지 일본인상공회에 등록된 캄보디아의 일본계 기업이 총 178개였다. 그 가운데 일본에 본사를 두고 있고 비교적 지명도가 높은 기업만을 꼽자면, WATAMI, GINDAKO, BEARDPAPA, YOSHINOYA, GINNOAN, PEPPERLUNCH, DAISO, NOJIMA, HIS, STARTS, LEOPALACE21, TAMAHOME, NTT Communications, MITSUI O.S.K. LINES, OMORI-KAISOTEN, KONOIKE TRNSPORT, SAGAWA EXPRESS, NIPPON EXPRESS, MARUHAN JAPAN BANK, SUMITOMO MITSUI BANK, NIPPON MINIATURE BEARING, AJINOMOTO, JAPAN TOBACCO, IDEMITSU KOSAN, DENSO, TOYOTA, HONDA, SUZUKI, YAMAHA, MITSUI, ITOCHU, MITSUBISHI, SUMITOMO, MARUBENI, SOJITSU, TMI ASSOCIATES 등이 있다.

이들 기업들이 현지에서 원활하게 활동하고 있는 배경에는 일본정부가 대외원조를 통하여 캄보디아 국가에 대해서 실시하고 있는 국제협력 사업이 있다는 점을 결코 간과할 수 없다. 2013년 OECD의 DAC(원조제공국가) 통계에 따르면 캄보디아에 가장 많은 ODA를 제공하고 있는 국가가 일본이었다. 일본은 총 143.38(백만 달러)를 지원하고 있고, 그 뒤를 이어 미국 76.92, 호주 71.95, 한국 63.85, 독일 40.90 순이었다. 일본정부의 캄보디아 ODA는 다방면에 걸쳐 이루어지고 있는데, 여기서는 2016년 9월에 개원되어 10월 31일부터 입원 진료를 시작한 Sunrise Japan Hospital Phnom Penh 응급센터를 사례로 하여 캄보디아에 대한 의료협력 움직임을 소개하고자 한다. Sunrise 병원은 진료 개시에 앞서 2016년 9월 20일 훈센(Hun Sen) 총리와 일본의 오다와라 기요시(小田原潔) 외무성 정무관이 참석한 가운데 개원식 행사를 열었다.

Sunrise 병원의 개원식(출처: sankeibiz.jp(좌), sankei.com(우))

일본이 ODA를 통해 캄보디아에 병원 건설을 지원하기 시작한 것은 2015년 6월의 일이다. 이때 JICA는 캄보디아 법인 Sunrise Healthcare Service(SHS)와 응급센터 정비 사업을 위한 자금 대부 계약을 체결했다. SHS는 일본의 Nikki, 산업혁신기구(INCJ), Kitahara 병원이 출자하는 캄보디아 법인이다. 이 사업의 근간은 SHS가 프놈펜에서 응급센터를 병설하는 민간병원 Sunrise Japan Hospital Phnom Penh을 설립하고 운영함으로써 일본의 기술과 노하우를 활용한 의료 서비스를 제공하기로 했다. Sunrise 병원의 규모는 50개 병상(ICU병상, 일반병상, VIP병상 포함)이며, 응급센터 이외에 일반내과, 일반외과, 소화기내과, 순환기내과, 뇌신경외과, 뇌혈관치료, 신경내과, 재활치료센터, 건강진료센터 등의 시설을 갖추고 있다.

근래에 들어 급속한 경제성장과 함께 캄보디아 국민들의 생활환경이 변화해 가고 있는 가운데 뇌졸중 질환이나 교통사고 등이 빈발하고 있어 응급 환자 치료의 필요성이 증가하고 있는 상황이다. 그러나 전반적으로 캄보디아에는 의료시설이 부족할 뿐 아니라 의료장비가 낙후되어 있다. 특히 응급처치를 위한 제도와 뇌신경외과 분야의 장비에서 매우 뒤떨어져 있다는 것이 지적되고 있다. 여기에 일본정부가 ODA를 통해 응급시설과 의료기술을 제공하겠다고 나선 것이다. JICA가 이 사업을 위해 캄보디아에 구체적으로 얼마를 융자했는지에 대해서 일반에 공개하지 않았다. 다만 사업의 생산성을 통해 원금을 갚아나가는 형태의 Project Finance라는 점에서 JICA가 처음으로 실시하는 해외융자 방식이라고 밝혔다. 이미 캄보디아에 지사를 내놓고 있는 SUMITOMO MITSUI BANK가 융자 관련 업무를 담당했다.

또한 이 사업의 소프트에 해당하는 의료서비스의 제공은 도쿄의 Kitahara 병원이 담당한 것으로 알려지고 있다. Kitahara 병원은 이미 SHS 설립 이전부터 5차례에 걸쳐 캄보디아의 의사와 간호사 등 병원 임원진을 일본에 초청하여 연수를 실시한 바 있다. 이 외에도 이 병원은 일본의료개발기구를 주도하고 이 기구를 통해서 캄보디아에 의료진을 파견하고 의료서비스 교육을 실시해 왔다. 일본의료개발기구의 facebook에는 이 병원이 "봉사에 그치지 않고 현지에 뿌리를 내리는 의료를"이라는 슬로건 아래, 캄보디아 국립 코싸막(Kossamak) 병원에서 의료교육을 실시해 왔다는 것을 소개하고 있다. 봉사활동이나 지원금, 지원물자의 제공만으로는 오히려 현지주민들의 의존심을 키우고 자립심을 약화시킬 우려가 있다는 점을 지적하고 캄보디아 현지에 뿌리를 내리고 현지 의료인이 스스로 서비스를 행할 수 있도록 하는 것이 필요하다는 것이다. 이러한 인식 아래 Sunrise 병원은 홈페이지(http://sunrise-hs.com)을 통해 일본인 의료진이 캄보디아 현지인 의료진과 함께 합동으로 높은 질의 의료서비스를 제공하고 있다고 강조했다. 2016년 11월 13일에는 SHS는 캄보디아 정부로부터 우수 의료기관으로 표창을 받았다고 한다.

_4_
일본의 파푸아뉴기니 끌어안기

　다음은 2014년 7월 28일에 발신한 글로벌신흥시장정보 웹진의 내용을 편집한 것이다. 일본의 아베 수상이 2012년 말 취임한 이래 계속 추진해 오고 있는 「중국 포위망 외교」의 일환으로 2014년 7월 6일부터 12일까지 일주일간 뉴질랜드 · 호주 · 파푸아뉴기니를 순방했다. 이때 중국이 동중국해와 남중국해에서 군사력을 과시하면서 주변국을 긴장시키고 있는 것과 관련하여 일본 총리는 '힘에 의한 일방적인 현상 변경'에 반대한다고 하는 입장을 분명히 하고 오세아니아 3국과 함께 외교적 입장을 공유하는 성과를 거두었다. 이달 7월 1일 일본 내각은 전후 최초로 새로운 헌법해석을 통해 집단자위권 행사가 가능하도록 결정한 바 있다. 그후 일본 총리가 호주를 방문하여 바로 군사협력을 강조한 것은 「집단자위권 세일즈 외교」의 개시라고 하는 의미가 강하다.

　특히 일본 총리가 파푸아뉴기니를 방문한 것은 1985년 이래 29년만의 일이다. 아베는 7월 10일부터 12일까지 파푸아뉴기니에 머물렀다. 그는 방문 첫날 파푸아뉴기니의 수도 포트모레스비(Port Moresby)의 국회의사당에서 피터 오닐(Peter O'Neill) 총리와 회담을 갖고 기자회견에 임했다. 일본 외무성이 발표한 공동성명에 따르면 정상회담에서 아베가 국제협조주의에 기초한 '적극적 평화주의' 아래 태평양지역을 포함한 국제사회의 평화와 안정 그리고 번영에 확보에 앞으로 더욱 적극 기여하겠다는 의사를 표명했으며 집단자위권의 필요성과 함께 일본의 안보체제 정비 개시를 언급한 것으로 되어있다. 이에 대해 오닐 총리는 일본의 노력을 환영하고 지지한다고 의사를 표명한 것으로 발표되었다. 또한 중국의 움직임에 대해서도 국제적 해양법 질서를 강조하고 "지역 내외에서 힘과 위협 또는 강제력에 의해 현상을 변경하고자 하는 어떠한 일방적인 시도에 대해 반대"한다고 언급했다.

7.10. 공동기자회견   7.11. 전몰자 추도
(출처: 外務省(좌), webry.info(우))

이어 방문 이틀째인 7월 11일 아베 수상은 파푸아뉴기니의 북부 도시 웨와크(Wewak)를 방문하여 태평양전쟁 때 전사한 일본인들을 추도하는 각종 행사를 가졌다. 전사자 중에는 일본 연합함대 최고 통수권자이자 진주만 공격의 주역이었던 야마모토 이소로쿠(山本五十六)도 포함되어 있다. 현직 일본 총리가 이곳 전사자 위령비를 방문하여 참배한 것은 최초의 일이다. 이날 아베 수상 부부는 지난 1981년에 일본정부에 의해 건립된 「전몰자의 비」에 묵념했다. 그리고 오랜 기간 동안 해당 지역에서 위령비 관리와 유골 수습을 담당해 온 일본인 남성(川畑静)의 안내를 받으며 아베는 자리를 이동하여 새로 건립된 「영령비(英靈碑)」에서 제막과 헌화의 의식을 연출했다. 전날 정상회담에서도 아베는 일본인 전사자 유골의 수습과 위령비 관리에 대한 파푸아뉴기니의 협조에 대해 감사함을 표명했고 오늘 총리도 앞으로도 계속하여 협력하겠다는 의지를 피력했

다. 파푸아뉴기니 북부 지역은 과거 격전지로서 미군과의 전투에서 15만 명이 넘는 일본군 전사자가 발생시킨 곳이다. 이때 일본군에 징용·징병 혹은 위안부로 강제 동원된 한국인 4천여 명도 함께 희생을 당한 것이 확인되고 있는 상황에서 일본정부는 이에 대해서는 침묵으로 일관했다.

한편 이번 아베의 파푸아뉴기니 방문에서 또 하나 주목해야 하는 일은 일본이 자원 확보를 위하여 신흥시장을 적극 끌어안는 모습을 보였다는 점이다. 일부러 호주의 서부 광산을 방문하여 일본기업이 철강석의 공동 개발에 관여하고 있는 것을 일본 국내에 어필한 것과 마찬가지로 파푸아뉴기니 방문에서도 액화천연가스(LNG)의 안정적인 공급 확보를 강조했다. 요미우리신문 2014년 7월 5일자는 현재 일본의 수입 자원 가운데 약 6할의 분량이 통과하고 있는 남중국해에서 요사이 관련국간의 영유권 분쟁이 계속되고 있는 상황을 감안하여 자원 공급 루트를 다각화 하고자 하는 목적이 있다고 보도했다. 이처럼 이번 아베의 오세아니아 방문은 정치적 목적과 함께 경제적 목적을 가지고 있었다. 특히 일본과 파푸아뉴기니의 공동 성명을 보면 맨 앞부분 「경제 분야의 협력」에 다음과 같은 언급이 있었다.

"양국 정상은 안정적이고 경쟁력 있는 에너지 공급을 확보하는 것의 중요성을 강조했다. 양국 정상은 2014년 6월에 파푸아뉴기니에서 일본으로 LNG수출이 개시된 것이 파푸아뉴기니의 경제성장 뿐 아니라 공급원의 다각화로서 일본의 에너지 안보에도 기여하는 것으로 이를 환영한다. 양국 정상은 일본의 투자처로서 파푸아뉴기니에 높은 잠재력이 있다는 것을 충분히 인식하고 여기에 일본기업에 의한 투자를 한층 촉진하고 투자환경을 개선하기로 합의했다. 지난 1월에는 양국 사이에 투자 촉진과 보호에 관한 협정이 발효되었고 7월 11일에는 일본기업의 참가 아래 양국의 합동위원회가 발족했다. 양국 정상은 무역과 투자의 증대와 관련

된 소득에 대한 이중 과세의 회피와 탈세 방지를 위한 협정의 중요성을 인식하고 양국이 가능한 신속하게 협정 체결을 향해 노력하기로 합의했다. 또한 일본은 인재육성과 방재 인프라 정비를 위해 향후 3년간 200억 엔 규모의 정부개발원조(ODA)를 제공하기로 약속했다……"

이때의 요미우리신문 보도에 따르면 2013년에 일본이 화력 발전을 위해 수입하는 LNG 가운데 호주로부터 가장 많은 1,800만 톤(전체의 20.5%)을 끌어오고 있지만, 여전히 카타르(18.4%), 말레이시아(17.1%), 아랍에미리트(6.2%), 브루나이(5.8%), 오만(4.6%), 나이지리아(4.4%), 적도 기니아(2.6%) 등에서 오는 LNG가 남중국해를 통과하고 있는 것으로 알려지고 있다. 2011년 동일본대지진에 따른 원전 사고 이후 LNG 수입량이 증가하고 있는 가운데 남중국해 경유 수입량을 줄여가기 위해서는 호주와 러시아(9.8%)에서의 수입을 늘리는 한편 2014년에 시작한 바와 같이 파푸아뉴기니와 같은 새로운 공급원을 확대하는 일이 현실적으로 일본의 전력 수요에 대응하기 위해서 필수적인 과제가 아닐 수 없다.

이때 일본정부는 5년 이내에 호주와 파푸아뉴기니로부터 수입하는 분량을 현재의 두 배에 가까운 3600만 톤으로 늘리겠다는 방침을 제시했다. 2014년 5월 26일 파푸아뉴기니에서 LNG를 실은 선박이 일본을 향해 처음 출항한 것은 이러한 일본의 수입 다변화 정책의 신호탄으로 꼽히고 있다. 일본에서 이 프로젝트를 담당한 기업은 해외석유와 LNG개발을 담당하는 대표적인 기업 JX Nippon Oil &Gas Exploration Corporation, 그리고 대표적인 종합상사 Marubeni Corporation이다. 이 기업들은 미국의 대표적인 종합에너지 기업 Exxon Mobil Corporation 아래에서 이 프로젝트에 참가하고 있었다.

2014년 4월부터 생산을 시작하여 2015년까지 연간 690만 톤의 생산을 목표로 설정했다. 이 가운데 일본이 절반 정도의 330만 톤을 수입하고 그 가운데 도쿄전력에게 180만 톤, 오사카가스에게 150만 톤을 판매하겠다고 했다. 2014년 5월에 처음으로 수입해 온 LNG는 모두 도쿄 전력으로 들어갔다. 다만 국내 전력의 수요가 줄어들지 않는 상황에서 새로운 에너지 발생원을 개발해 내지 않는 이상 당분간 일본은 고가의 에너지 비용을 지불할 수밖에 없다. 파푸아뉴기니 LNG 개발의 경우 이에 소요되는 비용은 총 190억 달러였다. 이 가운데 일본의 두 기업이 출자한 금액은 9억 달러에 지나지 않았다. 거의 전적으로 미국 기업 주도에 의한 개발이었다. 여기에 일본 국내의 LNG 수요가 지나치게 높은 까닭에 파푸아뉴기니에서 일본으로 공급되는 LNG를 비롯하여 유럽으로 가는 LNG에 비해 상대적으로 비싼 가격으로 일본이 구입해야 한다. 결과적으로 일본정부로서는 원자력 에너지 활용을 통하여 국내 과잉 수요를 완화하는 한편, 일본기업 참여에 의한 LNG 개발이 확대되어 LNG 조달의 확대를 통한 경쟁 유발로 가격이 하락되기를 기대할 수밖에 없다.

_5_
ADB와 AIIB

오늘날 중국이 아프리카 지역을 향하여 국제개발협력 분야를 확대해 가고 있는 현상은 언론 보도를 통하여 우리에게 널리 알려지고 있다. 특히 중국과 아프리카 지역 사이의 교역량은 해마다 20%에 가까운 성장 속도를 보이고 있다. 여기에 미치지는 못하지만 일본 역시 자국 기업의 아프리카 진출을 독려하고 있다. 남아프리카공화국에 국한하여 볼 때, 지난 2016년 중국의 무역 수입량이 136억 달러로 급상승한 반면, 일본은 26억 달러로 오히려 감소 현상을 보였다.[3] 여기서는 일본과 중국이 어떻게 ODA정책을 둘러싸고 경쟁하고 있는지 살펴보자.

아시아개발은행(ADB)의 연차총회는 아시아 태평양 지역의 경제적 사회적 발전을 논의하는 자리로 매년 4월 말에서 5월 초 사이에 열리고 있다. 2017년 제50회 연차총회 개회식은 5월 4일 일본 황태자가 참석한 가운데 요코하마에서 개최되었다. 개회식에서는 「World Order with Yokohama Junior Preformers」 단체에 의한 음악과 무용이 펼쳐져 분위기를 들뜨게 했다.[4] 4일간의 다양한 행사 가운데는, 차세대 육성 세미나 「빈곤 삭감과 inclusive한 경제성장을 향하여 : 요코하마 젊은이에 의한 분석과 실천적 비즈니스 교육 프로그램의 시도」도 이때 개최되었다. 여기에서는 요코하마 국립대학과 시립대학의 학생들이 ADB 본부가 있는 필리핀에서 사전 필드워크를 실시하고 그 결과를 영어로 발표하는 기회

---

3) Chosun Biz, 2017년 11월 1일.

4) http://adb2017.city.yokohama.lg.jp/news/201705/20170509-5.html

를 가졌다. ADB 경제인을 포함하여 13개 대학에서 참가한 52명의 학생들이 토론하여 갖가지 구상과 제안을 발표했다.[5]

2017년 ADB 연차총회 개막식　　　2017년 요코하마 차세대 육성 세미나
(출처: ynu.ac.jp(좌), yokohama.lg.jp(우))

한해 앞서 2016년에는 5월 2일부터 5일까지 프랑크푸르트에서 제49회 연차총회가 열렸다. 주최국 독일은 ADB가 1966년에 마닐라에서 발족할 때부터 가맹국으로서 활동해 왔으며 현재 유럽 국가로서는 ADB에 가장 많은 출자금(4.34%)을 제공하고 있다. 이번 연차총회의 슬로건은 '지속가능한 개발을 위한 협력'(Cooperating for Sustainability)이었다. 이 자리에는 가맹국에서 재무장관, 중앙은행 총재, 정부 관리 등이 참석했고, 이와 함께 재계, 학계, 언론계, 국제기관 등에서 수 백 명의 인사들이 참석하여, 경제, 금융, 개발지원 등에 관한 여러 가지 토픽을 둘러싸고 활발한 논의를 전개했다. 유일호 부총리 겸 기획재정부 장관은 5월 4일 모두 발언을 통해 한국이 매년 700~800만 달러를 출연해 왔는데 2016년부터는 1500만 달러의 신탁기금을 출연하겠다고 밝혔다. 또한 ADB 지원 분야에 있어서도 기존에 ICT 분야와 지식공유 분야에 머물러

---

5) http://adb2017.city.yokohama.lg.jp/data/press/press-20170509-5.pdf

2016년 ADB 연차총회(출처: adb.org)

있던 것을 인프라, 에너지, 의료 분야로까지 넓히겠다고 하여 한국기업과 전문 인력의 해외진출 범위를 확대하겠다는 의지를 표명했다.

그런데 2016년 ADB 연차총회에서 세계 언론으로부터 주목을 받은 일은 ADB가 아시아인프라투자은행(AIIB)을 상대로 하여 공식적으로 MOU를 체결한 일이다. 5월 2일 나카오 다케히코(中尾武彦) ADB 총재는 진뤼친(金立群) AIIB 총재와 자금조달 등에 관한 양해 각서를 체결하고 향후 우위성의 상호 보완, 부가가치 창출, 제도와 실력의 강화, 비교 우위의 발휘, 호혜 정신에 입각한 전략과 기술의 협력 등을 약속했다. 2013년 말 기준으로 일본과 미국은 ADB에서 각각 15.6%씩의 지분을 가지고 있다. 이에 비하여 중국은 6.5%, 인도는 6.4%에 불과하다. (한국은 5.0%) ADB가 2009년 이후 자본금의 증액도 없이 그렇다고 하여 중국을 비롯한 신흥국의 지분을 확대하려 하고 있지 않다. 이에 따라 중국은 거대 자본을 앞세워 AIIB를 설립하고 개도국에 대한 자금 지원을 주도하고자 하는 의지를 관철하고 있어 ADB와 AIIB 두 기관의 대립은 갈수록 심화될 것으로 보인다. 출범한 지 50년이 지난 ADB는 현재 마닐라에 본부를 두고 있고 아시아 지역 48개국을 포함하여 총 67개국을 회원국으로 하고 있다.

한편 시진핑 국가주석의 직접적인 제안으로 2015년에 출범한 AIIB는 아시아지역 개발도상국들에 대한 인프라 투자 지원을 주된 목적으로 하며 한국과 영국 등 57개국 회원국을 필두로 하여 시작했다. 초기 자본금으로서는 500억 달러로 시작했으나 향후 자본금을 1000억 달러로까지 늘리겠다고 한다. 2015년 말 현재 AIIB에서 중국은 30.3%로 가장 많은 지분을 확보하고 있고 그 뒤를 이어 인도가 8.5%, 러시아가 6.7%, 독일이 4.6%를 확보하고 있다. (한국은 3.8%) 출범 이후 추가로 AIIB 가입 의사를 밝힌 국가는 30여개에 달하며 이 중에는 미국의 우방인 캐나다는 일찍부터 가입 의사를 밝히다가 2016년 8월에 여기에 가입했다. AIIB 측은 향후 2~3년 이내에 회원국 수가 100개국을 넘어설 것으로 예상하고 있고 2017년 6월 제주도 중문 국제컨벤션센터에서 열린 AIIB 연차총회가 아르헨티나·통가·마다가스카르 등 3개국을 회원국으로 받아들이는 안을 승인함으로써 AIIB 회원국은 총 80개국으로 늘어나 회원국 규모에서 확실하게 ADB를 앞질렀다.

AIIB총재와 ADB 총재의 MOU 체결(출처: adb.org)

여기에 아시아 신흥국들은 기존 ADB와 신흥 AIIB 사이에서 등거리 접근을 통한 이익 확대를 꾀하고 있다. 2016년 ADB 연차총회 기간 동안 오로지 태국 대표단만이 "ADB가 중요한 과제에 대해 중심이 되어 움직이기를 기대한다"고 하며 ADB 중시를 전면에 내세웠지만, 대부분의 아시아 신흥국들은 오히려 중국과 AIIB를 방패막이로 하여 ADB에 대한 개혁을 주장하는 편에 서고 있다. 이때 중국의 로우 지웨이 (樓繼偉) 재무부장은 "ADB가 1990년대 체제를 아직 고수하고 있다"고 비판했다. 일본경제신문이 2016년 5월 7일자 보도를 통해 소개한 바에 따르면, ADB 연차총회를 둘러싸고 아시아 신흥국의 입장이 잘 나타나 있다. 우선 인도는 신흥국의 발언권 증강을 강조하며, 한편으로는 ADB의 체제 개혁을 촉구하고 다른 한편에서는 AIIB와의 협조를 통한 융자 확대를 주장했다. 이어 5월 4일 각국 대표가 출석하는 회의에서 인도의 아룬 자이트리(Arun Jaitley) 재무장관은 "신흥국의 발언권을 높이는 융자는 빨리 실시하는 편이 좋다"고 말했다. 또한 이때 캄보디아 대표단은 "AIIB가 설립된 이후 개발금융 질서는 변화하고 있다"고 말하고, ADB가 1990년대 체제의 경직성과 폐쇄성을 벗어나지 못하고 있다고 비판했다. 그렇다고 해서 아시아 신흥국가들은 일본 주도의 기존 ADB 체제를 완전히 부정하지도 못하고 중국 주도의 질서에 의존하지도 않는다. 여기에 유럽 국가들도 중국의 굴기(崛起)를 현실적으로 인정하면서도 중국 편중으로 아시아 지역 경제 질서가 쏠리는 것을 경계하는, 이른바 「실리주의」를 쫓고 있다.

이러한 상황에서 ADB나 AIIB도 대립 일변도로 각각 따로 따로 사업을 전개해 나가기는 쉽지 않다. 상호 경쟁하고 있는 두 기관이 이번 MOU 체결이나 협조 융자와 같은 부분적인 연합을 통해 상호 대립 무드를 봉합하는 모습을 보이고 있는 것은 이러한 측면을 잘 나타내고 있다. AIIB 설립 구상이 나올 때만 해도 ADB는 아시아 지역의 개발이라는 조직 목표가 겹치고 기존 일본 주도의 체제가 상대적으로 약화될 것을 우려하여 AIIB 설립에 반대하는 움직임을 보인 바 있다. 그러나 막상 설립이 현실화 되고 AIIB 회원국이 ADB에 육박하는 등 사실상 중국의 흥행이 성공을 거두게 되자 경쟁적 관계보다는 동반자적 관계를 모색하는 방향으로 정책을 선회했다. AIIB로서도 당분간은 ADB와 협조노선을 취할 수밖에 없다. 아시아 금융질서의 재편이라는 목표를 내걸고는 있지만, 인프라 금융에 정통한 전문가나 재원이 부족하고 섣불리 단독 행동에 나서기는 아직 위험하다는 견해가 지배적이기 때문이다. AIIB가 2016년 제2/4분기에 정식으로 결정할 융자 안건은 모두 세계은행(WB)이나 유럽부흥개발은행(EBRD) 등과 함께 협조 융자를 실시했다. 게다가 자금 조달의 핵심이 되는 채권도 아직 등급 설정조차 못했다.

ADB와 AIIB는 파키스탄 고속도로 건설을 위한 자금 지원에서 처음으로 협조 융자를 실시하기로 했다. 구체적으로는 파키스탄 동북부 지역의 펀잡주 쇼르코트와 하네왈 지역을 서로 연결하는 64km 구간의 건설을 위한 프로젝트이다. 여기에 소요되는 협조 융자의 규모는 총 3억 달러이며 두 기관이 50:50의 비율로 부담하게 되어 있다. 또한 AIIB는 2016일 5월 중앙아시아 도로 건설 사업을 두 번째 협조 융자 프로젝트로 선택했다고 발표했다. 이때 진뤼친 총재는 런던에서 EBRD 총재와 함께 타지키스탄 수도 두샨베와 우즈베키스탄을 잇는 도로 건설 사업에 공동 투자하는 MOU를 체결했다. 이 도로는 중국을 출발하여 중앙아시아를 경유해 유럽 동남부에 이르는, 중국의 새로운 실크로드 구상인 '일대일로(一帶一路)'의 일부분을 이루고 있다. 이와 함께 2016년 6월 AIIB, WB, IDB가 공동으로 투자하는 17억 4000만 달러 규모의 인도네시아 빈민가 프로젝트이 AIIB 연차총회를 통과했다.

주지하다시피 오늘날 중국과 일본이 대외정책에서 현저한 차이를 보이고 있는 가운데 중국을 비롯한 개도국의 성장 둔화와 통화 불안이 머지 않은 장래에 아시아 지역에서 경제적 파란을 일으킬 것이라고 예고하고 있다. 이 와중에서 국제적 금융기관이나 신흥국가들은 경쟁과 협조 사이를 오가며 평형을 유지하려고 애쓰고 있다. 한국 역시 마찬가지로 ADB와 AIIB 모두에게 추파를 보내며 아시아 시장에 대한 틈새기 찾기에 주력하고 있다. 앞에서 논한 바와 같이 2016년 유일호 부총리의 발언을 통해 한국은 ADB에 대해 신탁기금 출연 규모를 확대하고 지원 분야를 다변화하기로 약속함과 동시에, ADB의 중장기 전략과 역내 수원국 지원 방향에 대해서 논의하는 가운데 ADB와 역내 여타 국제기구들과 협력을

제주도 AIIB 제2회 연례총회(출처: 아주경제)

강화해야 한다고 하고, ADB와 AIIB간의 협력 관계를 강화하는 것이 중요하다는 점을 분명히 했다. 아울러 그는 ADB가 수원국 수요에 부응하는 개발은행으로 발전해야 한다는 점을 강조하고, "수원국 수요와 우선순위에 부합하는 재원 집행시스템을 구축하고 일자리 창출 등 구체적인 성과 달성에 초점을 두고 역량을 확충해 나가야 한다"고 했다.

한국정부는 2017년 6월 제주에서 열린 AIIB 연차총회를 계기로 AIIB에 대한 기대를 크게 표명해 오고 있다. 이 연차총회를 계기로 한국의 대외적 위상과 발언권을 확대하고, 한국의 기업과 인력의 해외 진출에도 크게 기여할 것으로 기대를 보이고 있다. 다만 이때 나카오 ADB 총재는 제주도 총회에 참석하지 않았다. 진뤼춘 AIIB 총재가 한 달 전에 열린 제50차 ADB 연차총회에 참석했던 것과는 다른 행보를 보인 것이다.[6]

---

6) 이데일리. 2017년 6월 18일.

_6_
JETRO의 중국위험관리 연구보고서

　2013년 10월 29일 JETRO(일본무역진흥기구) 산하의 해외조사부 중국·북아시아과는 '중국 Risk Management 연구회 보고서'를 일반에 공개했다. 그리고 이날 JETRO는 본부에 관련 연구자와 기업인을 초치하여 전문가 발표와 토론회를 열고 보고서의 내용을 설명했다. 이 보고서는 190페이지에 달하는 분량으로 중국에 진출하고 있는 일본기업이 어떻게 경영위험(risk)을 관리할 것인가를 주로 다루고 있다. 일본 츄오(中央)대학 전략경영연구과의 핫토리 겐지(服部健治) 교수를 좌장으로 하는 「중국 Risk Management 연구회」가 2013년 6월부터 9월 사이에 3차례에 걸쳐서 중국위험의 관리방안을 둘러싼 논의 결과를 정리한 것이라고 한다. 이 자료는 오늘날 위험을 무릅쓰고 신흥시장에서 해외전개를 하고 있고 앞으로 해 나가야 하는 한국의 기업에게도 많은 시사점을 제공하고 있다. 여기서는 보고서의 서론과 제1장, 그리고 제2장에 개괄적으로 언급된 내용을 간단히 요약하고 마지막 제7장에서 제시하고 있는 위험관리의 두 가지 관점을 소개하고자 한다.

　이 보고서는 오늘날 중국에 진출한 일본기업이 위험을 얼마나 인식하고 있는지 설문조사 결과를 가지고 설명하며 서론을 시작하고 있다. 2013년 1월에 실시한 설문조사에서 일본기업의 69.8%가 '기업경영의 위험이 높아졌다'고 대답했고, 그 해 8월에 실시한 설문조사에서는 52.2%가 그렇다고 대답했다. 이 설문조사 결과는 시간이 경과하면서 위험이 적어진 것은 분명하지만, 여전히 중국에서 일본기업이 대부분 위험을 느끼고 있다는 것을 잘 나타내고 있다. 가장 큰 위험 요소는 영유권 분쟁에 따른 반일감정이다. 특히 2012년 9월에 일어난 대규모 반일데모의 여파는 여전히 사라지지 않고 있다. 이 뿐 아니라 중국경제 성장의 감퇴, 인건비 상승에 따른 경영비용의 증가, 법적 제도적 결함에 따른 자의적 질서, 지적재산권 침해와 사업 환경의 변화 등도 위험 요소로 작용하고 있다. 대규모 반일데모에 따른 위험 요소 이외에는 일찍이 2006년에 발간한 단행본에서도 JETRO가 중국위험 요소로 지적한 바 있다.

2006년의 JETRO 단행본
(출처: JETRO)

그런데 이러한 위험 요소가 상존하고 있음에도 불구하고 일본기업으로서는 확대해 가는 중국시장을 쉽게 포기할 수가 없다. 2013년 1월의 설문조사 결과, 중국진출 일본기업의 58.1%가, 그리고 그 해 8월 조사에서는 60.7%가 '중국에서의 기업경영 확대와 신규 투자'를 검토하고 있다고 답한 것으로 나타났다. 그 이유로는 중국의 시장규모, 성장성, 판매증대 가능성을 들었다. 중국의 변화에 위험을 느끼면서도 중국시장에 의존하겠다고 하는 절박한 일본기업의 입장을 잘 나타내고 있는 것이다. 이러한 상황에서 이 보고서는 "원래 비즈니스에서 위험은 필연적으로 수반되는 것이며 중국에만 국한되는 것이 아니다. 위험 없는 비즈니스란 없는 것이며 리스크를 두려워하지 말고 그 대응책을 강구하는 것이 매니지먼트"라고 매우 엄정한 주장을 펼쳤다. 다만 이 보고서는 중일관계에서 나타나는 경제적 보편성만을 언급하고 있지는 않으며, 본론의 서두에서 중일관계의 특수성으로 (1) 상호 역사인식의 차이, (2) 양국의 경제적 상호의존의 심화를 지적하고, 중일양국이 1972년 국교정상화 이후 개인 · 기업 · 단체 차원의 다양하게 쌓아온 신뢰관계를 유지해야 한다고 역설했다. 결과적으로 일본정부에 대해 원만한 주변국 외교를 주문한 것이다.

이 보고서의 제1장은 중국위험을 외부 경영환경 위험과 내부 경영환경 위험으로 나누어 파악하고 일본기업들이 취해야 할 경영관리에 관하여 전반적으로 언급하고 있다. 외부 위험으로는 국가 · 정치 · 사회의 불안, 인플레이션, 제도변화, 외자규제, 채무불이행, 파업, 폭동, 테러, 분쟁, 내란, 혁명, 자연재해 등을 들고 있다. 또한 내부 위험으로는 부적절한 재무관리에 따른 '의사결정정보위험'과 업무능력 · 신뢰분위기 · 자금융통에 따른 '업무프로세스위험'이 있는데, 이 중에서 '업무프로세스위험'이 보다 중대하다고 보고 있다. 이에 대한 관리방안으로 중국 사업전개 전략에 대하여 정량적 재평가, 고객 · 업계 · 사업내부의 재평가, 현지 경영관리에 대한 재평가가 필요하다고 하며, 이와 함께 현지경영방식 · 홍보활동의 수정과 글로벌 인사제도의 강화를 제시하고 있다.

이 보고서의 제2장은 중국 이외의 국가들과 비교하면서 자연재해, 인프라, 치안, 노무관리, 정치상황, 국가위험 등을 설명하고 있다. 여기서는 각종 수치를 들어 세계경제에서 차지하는 중국의 위치와 중일관계의 현 위치를 설명하고 있다. 이 가운데 중일관계로서 2011년 10월 시점에서 해외에 진출한 일본기업 662,295개 회사 가운데 반수가 넘는 333,420개 회사가 중국에 진출해 있고 해외에 거주하는 일본인으로서는 미국(397,937명) 다음으로 중국(140,931명)이 많다는 점을 들어, 중국이 일본에 있어 매우 중요한 위치를 차지하고 있다는 점을 밝혔다. 중국에 지진이나 홍수와 같은 자연재해 위험이 있기는 하지만 국제적으로 비교해 보면 그다지 위험도가 높지 않다고 평가했다. 인프라 측면에서도 중국은 BRICs 국가 가운데 가장 잘 정비되어 있고 신흥시장 중에서 중간 정도의 위치에 있다고 했으며, 치안·노무관리(해고의 용이성)·정치상황·국가위험에서도 지표상 평균 수준이라고 평가했다.

이 보고서의 제3장에서 제6장에 걸쳐서는 중국위험을 세분화하고 각각의 위험에 대한 관리 방안을 제시하고 있다. 먼저 제3장에서는 중국위험을 크게 국가위험, 사업경영상 위험, 안전관리상 위험으로 구분했다. 그리고 제4장에서는 국가위험을 정치, 경제, 사회의 위험으로 세분화하고 있고, 제5장에서는 사업경영상 위험을 무역제도, 투자제도, 지적재산권, 법무·노무문제, 재무·금융·외환, 생산·판매·영업, 기업철수를 포함한 사업재편으로, 아울러 제6장에서는 안전관리상 위험을 일본에 대한 항의행동, 치안악화, 감염질병, 종업원의 안전관리, 정보보호, 기업의 사회적 책임 등으로 세분화했다.

마지막으로 이 보고서의 제7장은 앞으로 위험관리의 핵심으로서 관리체제의 강화와 비즈니스 전략의 재구축이라고 하는 관점을 제시하고 이에 대해 각각 대응방안을 세분화하여 제시했다. 관리체제의 내용으로서

중국위험 경고
출처: 三井住友 Asset Management(2012年 11月)

는 (1) 정보수집·분석력, (2) 내외 인적관계, (3) 매스컴 대책, (4) 기업 법령의 준수(compliance), (5) 본사와 현지회사의 제휴(governance) 등을 들고 있으며, 일본기업에게 있어서 중국사업의 위치가 더욱 중요해지고 있는 만큼 중국현지 관리체제의 유연화 내지 강화가 필요하다고 역설했다. 또한 이 보고서는 비즈니스 전략의 재구축 방안으로 (1) 다른 기업과의 전략적 제휴, (2) 현지기업 업무를 총괄하는 (중국)거점의 기능 강화, (3) 초기 투자비용의 억제와 투자회수 기간의 단축화, (4) 위험 분산을 위한 일본기업 이외의 기업과의 거래 활성화, (5) 중국 지방정부의 대응을 고려한 진출지역 선정을 들고 있다. 중일 양국의 외교적 마찰이 쉽사리 해소되지 않는 상황에서 일본기업은 중국 현지기업이나 지방정부와 신뢰관계를 구축하고, 현지지역사회에 공헌하고 사회적 평가를 높여가는 일이 위험을 최소화하는데 중요하다고 주장했다.

_7_
아시아 철도 공사를 둘러싼 중일 경쟁

2015년 9월 1일자 조선일보는 고속철도와 원자력발전소를 대표로 하는 아시아 인프라 시장에서 한국이 안 보인다는 정부비판 기사를 실었다. 총 8조 달러에 이르는 아시아 인프라 공사를 수주하기 위해 일본과 중국이 적극 나서고 있는데 비하여, 한국은 정부는 지도자의 리더십이나 의지 그리고 자금력이 부족하다고 비판한 것이다. 이 보도에 대해 이튿날 국토교통부는 이를 반박하는 해명자료를 내놓았다. ① 정부주도의 추진체계를 구성하고 있고, ② 맞춤형 사업계획을 마련하고 있으며, ③ 고위급 외교활동을 강화하고 있을 뿐 아니라, ④ 홍보활동을 비롯하여 다양한 수주지원 활동을 진행 중이라고 해명한 것이다. 이처럼 한국정부는 현재 노력 중이라고 방어하고 있지만 오늘날에 이르러서도 가시적인 성과가 나타나고 있지 않다는 언론의 비판을 잠재우기는 어렵다.

한국에 비하면 아시아 인프라 시장에서 거두고 있는 일본과 중국의 성과는 눈부실 정도다. 일본은 2015년 5월 태국 방콕~치앙마이 간 670km 구간 고속철도 사업을 수주했다. 총사업비 4300억 바트(약 14조 1000억 원) 규모이며 일본이 기술과 건설자금을 모두 지원한다. 이에 맞서 중국도 그 헤 8월 말 태국 북동부 농카이~방콕~남부 라용을 잇는 길이 867km의 철도 복선화 공사를 두 달 후부터 시작하기로 태국 정부와 합의했다. 인도에서도 양국이 치열하게 맞서고 있다. 일본은 2015년 8월 인도 뭄바이~아메다바드 고속철도 공사를 수주했다. 총 연장 500km에 총 공사비 9800억 루피(약 17조 5000억 원)에 이른다. 이외에도 일본기

아시아 주요 지역 인프라 쟁탈·확보 실태

일본

14.1조원 방콕~치앙마이 670km 고속철 사업 수주
(총사업비 4300억바트 · 약 14조1000억원)

17.5조원 뭄바이~아메다바드 500km 고속철 수주
(총공사비 9800억루피 · 약 17조5000억원)
연 12억달러 이상의 공적개발원조 제공

자카르타~수라바야 730km
고속철도 수주 위해 2009년부터
타당성 연구 진행

중국

11.5조원 농카이~방콕~남부 라용 867km 철도복선화 사업 수주
(총사업비 3500억바트 · 약 11조5000억원)

23.6조원 첸나이~방갈로르 고속철 사업 수주전 참여,
200억달러 투자 약속

59.1조원 올 5월 인도네시아 정부에 자카르타~수라바야 고속철
사업에 500억달러 차관 제의

54.4조원 지체 개발한 원전 2기 건설 중 5기 원전 건설 추가 수주,
460억달러 규모 경제 회랑 구축 지원키로

일본과 중국의 고속철도 수출경쟁(출처: 조선일보 2015년 9월 1일)

업들이 계획 중인 인도 SOC(사회간접자본) 공사는 총 19건, 1조 2000억
엔에 이른다. 중국도 시진핑 주석이 2014년 인도 방문에서 200억 달러
의 투자를 약속하는 등 자금 지원을 무기로 하여 적극적으로 인도 시장
을 공략하고 있는 실정이다.

특히 중국은 최근 아시아 인프라 시장에서 괄목할 만한 적극적인 움직
임을 보이고 있다. 중국은 2013년에 발표한 새로운 실크로드 구상에서
1조 400억 위안(약 190조 원)의 정부 예산을 투입하겠다고 발표했으며,
AIIB에 1000억 달러에 이르는 자본금을 투자하겠다는 계획을 밝혔다.
이러한 중국의 물량 공세에 맞서 일본도 아시아 인프라 시장에서의 주
도권 사수에 나서고 있다. 아베 수상은 2015년 5월 아시아 지역의 인프
라 투자에 향후 5년간 1100억 달러를 투입하겠다고 밝혔다. 중국에 주
도권을 절대 내주지 않겠다는 자세를 표명한 것이다. 이처럼 아시아 인

프라 시장을 둘러싸고 일본과 중국이 경합하는 가운데, 인도네시아 고속철도 사업에서도 일본과 중국이 경합하는 뉴스가 각종 매체를 통해 보도되었다.

4장
일본의 아시아 인프라 수출

.

Contents

_1_
일본기업의 아시아 전개

2015년 8월 10일자 일본경제신문에는 당시 '연구개발활동에 관한 조사' 결과가 실려 있다. 일본의 주요 기업 513개 회사에서 연구개발을 담당하는 직원에게 전자파일 형식으로 앙케이트 조사를 실시한 것이다. 유효 회답은 328개 회사로 회답률은 63.9%였다. 연구개발비는 2014년도 분에 대해 회답했던 것과 비교가 가능한 268개 회사를 대상으로 했다. 연구개발비란 제무제표에서 「신제품 또는 신기술의 개발, 개척을 위해 지출한 비용」이라고 정의할 수 있다.

당시 일본기업 가운데 설문에 참여한 268개 회사는 2015년도 연구개발비 투자액으로 총 11조 7,940억 엔 (약 111조 원)을 책정하고 있었다. 이것은 2014년도에 비해 4% 약간 넘게 증가한 것으로 나타났다. 연구개발비 규모에서 보면, (1) 도요타 자동차, (2) 혼다 자동차, (3) 닛산 자동차, (4) 소니, (5) 파나소닉, (6) 덴소, (7) 히타치 제작소, (8) 다케다 약품, (9) 캐논, (10) NTT와 오쓰카 홀딩스 순이다. 가장 많은 연구개발비를 책정한 도요타 자동차는 1조 500억 엔으로 전년도에 비해 4.5%를 증액했다. 이어 혼다 자동차가 7,200억 엔으로 8.7% 증액했고, 닛산 자동차가 5,300억 엔으로 4.7% 증액했다. 이들 자동차 회사는 연료 전지 자동차 (FCV) 등 친환경 자동차 개발과 안전 운전에 필요한 센서와 인공지능 개발에 역점을 두고 관련 예산을 쏟은 것으로 나타났다.

그런데 이러한 R&D 활성화와 관련하여 연구개발 거점을 일본에서 아시아 지역으로 확대하는 기업이 늘고 있는 움직임이 주목을 받은 바 있다. 이것은 해외 신흥시장에 점차 사업을 확대해야 하는 한국정부와 한국기업에게 좋은 학습재료가 되는 것으로 간주되기 때문이다. 일본경제신문의 조사에 회답한 기업 가운데서 66개 일본회사가 2015년도 해외 거점의 신설, 증강, 확충을 계획하고 있다고 회답했다고 한다. 2014년도에 같은 회답을 했던 일본기업이 59개 회사였던 것에 비추어 12.8% 늘어난 것이다. 미국에 대한 해외 거점 확대와 함께 아시아 지역 특히 동남아시아 지역을 중심으로 하여 현지 소비지역에 알맞은 제품을 신속하겠다는 기업 목표에 따른 것이다. 이때 일본기업이 연구개발을 추진한 방식으로는 일본 본토에서 개발비를 사용하는 방식 이외에 해외의 대학과 산학연계를 추진하는 방식을 가장 일반적으로 사용했다.

아시아 지역 가운데 오늘날 일본기업이 가장 산학연계를 활발히 전개하고 있는 국가는 여전히 중국이었다. 해외 산학연계를 추진하고 있는 기업의 65.9%가 중국을 대상으로 하고 있었기 때문이다. 이것은 그 만큼 중국이 여전히 일본 기업에 있어서 가장 중요시해야 하는 시장이 되고 있다는 것을 잘 보여주는 것이다. 중국의 뒤를 이어서 싱가포르 (20.7%)와 태국(17.1%)이 뒤를 이어 높은 비중을 차지했다. 예를 들어 일본의 후지쓰, 미쓰비시중공업, 후지필름, 다이킨공업, ROHM 반도체 등은 중국의 이공계 명문대학 칭화대(淸華大)와 손을 잡고 있는 것으로 나타났다. 또한 대일본 인쇄, 가지마(鹿島) 건설, 미쓰이 화학 등은 싱가포르 국립대학과 연계하고 잇는 것으로 나타났고, 아사히 유리, 미쓰비시 전기, 가와사키 중공업 등은 태국 츄라룽콘대학(CU)과 연계하고 있는 것으로 나타났다. 또한 파나소닉이 베트남 하노이공과대학과, 츄고구(中國)전력이 캄보디아 공과대학과, 히타치제작소가 말레이시아 Petronas 공과대학과 각각 산학연계를 실시하고 있는 것으로 나타났다.

아사히 유리의 경우, 과거 1982년부터 태국의 CU에 연구조성금

을 제공해 왔는데, 2012년부터는 태국에서 두 번째로 국립 공과대학
(KMUTT) 톤부리(Thonburi) 캠퍼스에 연구조성금을 지급하고 있는 것
으로 나타났다. 이 회사는 당시 태국에서 7개 현지법인이 조업 중이었는
데 KMUTT 출신 임원들이 대체로 업무능력 면에서 높은 평가를 받았고
현지공장의 공장장으로 진급한 사례까지 있다는 이유를 들어 연구조성
금 지원 대상으로 이 대학을 선정했다고 했다. KMUTT에 대한 연구조성
액은 연간 300만 엔이며 이때 재료과학, 생명과학, 환경, 에너지 등 4개
분야에서 조성금을 통한 6과제가 시행되고 있다고 했다.

아사히유리 KMUTT연구지원기념식(2012.7.)
(출처: 旭硝子) 아사히유리 CU연구지원기념식(2014.6.)

　　2015년 8월 시점에서 아시아 지역에 대한 연구개발 거점을 확대하
고 있는 일본기업을 업종별로 보면, 자동차 부품(18.8%)과 소재산업
(18.5%) 분야가 괄목할 만하진출 모습을 보였다. 향후 연구개발 거점을
확대하겠다고 회답한 기업도 분야별로 보면 소재산업(32.1%)이 가장 많
았고 그 뒤를 이어 자동차(28.1%), 기계(24.3%)가 많았다. 소재산업과
기계 분야는 전년에 비해서 거점을 확대하겠다는 기업수가 늘어났고 자
동차 분야는 전년(48.1%)에 비해서 줄었다. 자동차 분야가 감소한 이유
로서는 세계적인 불황으로 일본차의 신흥시장 수출이 2015년에 들어 둔

화되고 있는 상황을 받아들여 2015년 4월부터 시행되는 2015년도 예산에서 해외 R&D 예산을 삭감한 것으로 보이며, 이와 함께 해외 현지생산의 확대를 통해 어느 정도 R&D 인프라 정비가 진척되었기 때문이라는 지적도 있다.

일본기업의 필리핀 전개

2014년 8월 19일 일본의 쓰네이시(常石)그룹은 보도 자료를 통하여 필리핀 자회사를 통해 필리핀의 우수 선박 기술자를 양성하고 세계에 우수 기술자들을 송출하고 있다고 홍보했다. 필리핀은 간호사와 가정부 등의 국제적 인력을 양성하고 해외에 배출하고 있는 것으로 유명하다. 이와 마찬가지로 쓰네이시 그룹도 필리핀을 조선 기술자 인력 양성을 위한 인큐베이터로 설정하고 여기에서 양성한 기술자들을 세계 각지의 그룹 기업에 송출하는 비즈니스를 전개하겠다고 나선 것이다. 필리핀 사람들의 영어 소통 능력이 뛰어난 것에 착안하여 이 회사는 일본의 기술을 영어로 세계에 확산시키는데 필리핀을 주목했다.[1]

일찍이 쓰네이시 그룹은 1994년 9월 필리핀의 Aboitiz Group과 합자하여 세부에 자회사 TSUNEISHI HEAVY INDUSTRIES (THI) 주식회사를 설립했다. 오늘날에도 세부 섬 발람반(Balamban)에 위치한 이 회사는 150만㎡에 달하는 넓은 부지를 활용하여 3만~18만 톤급에 이르는 화물선과 자동차 운반선을 중심으로 연간 약 20척씩을 건조하고 있고 이와 함께 선박 수리업을 주된 사업으로 전개하고 있다. 종업원 수가 1만 3천 명에 달하고 있어 필리핀 경제에 미치는 경제적 영향력이 막대하며 이러한 이유로 발람반은 '쓰네이시의 마을'로 불리고 있을 정도다. 오늘날 필리핀이 선박건조 규모에서 세계 4위의 지위를 유지할 수 있는 것도 THI가 건재하기 때문이다. 이 회사는 2018년 선박 건조 수를 연간 30척

---

1) https://www.tsuneishi-hd.com/company/group/

으로 늘리겠다는 계획을 내걸고 있다.[2]

THI 전경(출처: 常石造船)

THI 내부(출처: 常石造船)

　쓰네이시 그룹은 현재 필리핀 기술자 양성 실태에 관하여 적극적인 홍보를 실시하고 있다. 이것은 기본적으로 개방적인 국제협력을 어필하여 기업의 긍정적인 이미지를 전파하기 위한 현실적인 목적에서 이루어지고 있는 것이다. 하지만 이러한 뉴스는 글로벌한 기능을 갖추지도 않고 국제적으로 높은 임금을 요구하고 있는 일본인 청소년을 향한 경고의 메시지가 되고 있기도 하다. 2014년 9월 17일 일본의 지지통신(時事通信)은 쓰네이시 그룹이 자회사 THI를 통해 용접공을 양성하고 있다고 하는 소식을 보도했다. 또한 다른 매스컴에서는 같은 해 8월 중순 쓰네이

2) http://www.thici.com/

시 그룹이 필리핀과 중국의 우수 인력들을 일본에 초빙하여 연수하는 과정에서 일본의 전통 의상을 체험하도록 하는 행사를 열었다고 하는 소식을 일제히 보도한 바 있다. 이것은 쓰네이시 그룹의 해외사업실이 본사의 근거지인 히로시마현 후쿠야마시(福山市)에서 2012년부터 매년 실시하고 있는 행사다.

THI의 용접공 연수
(출처: 常石造船)

THI의 전통의상 체험행사

쓰네이시 그룹은 1917년에 창립된 회사로 필리핀 THI와 중국의 舟山造船有限公司(Zhoushan Shipbuilding) 경영에 관여하며 이 두 해외 자회사를 통해 연간 60척 가량의 선박을 건조하고 있다. 이들 해외 회사의 인재 양성과 경영의 현지화를 목적으로 하여 2012년 10월부터 매년 현지 종업원 15명 정도를 선발하여 일본에서 1년간 연수를 실시하고 있다. 이 회사는 이들에게 각 부서에서 업무 훈련을 실시하는 한편 일본어능력시험 합격을 목표로 하여 근처 일본어학교에서 일본어 교육을 실시하고 있다. 또한 일본문화를 보다 깊이 체험하게 하기 위해 지역의 축제나 각종 문화 활동에 이들을 참가하게 하고 있다.

필리핀을 통하여 일본의 기술을 영어로 세계로 확산시키고자 하는 일본기업의 시도는 쓰네이시 그룹에만 그치지 않고 다른 기업으로 확대되고 있는 추세라는 점이 주목되고 있다. 예를 들어 도요타 자동차는 2013

년에 마닐라 수도권에서 가까운 라구나(Laguna)에 「필리핀 도요타 정비학교」를 세웠다. 제1기 수강생으로 600명이 이 학교에 입학했다. 자동차 정비에 관한 지식과 기술을 2년 동안 익히게 한 후에 이들을 세계 각지의 도요타 인정 공장에 취업시키겠다고 한다. 영어가 가능한 유능한 필리핀 사람들은 이전부터 여타 국가의 공장으로부터 발탁되어 취업하는 사례가 많았다. 이러한 움직임에 착목하여 도요타는 필리핀 국내 시장에 대한 회사 홍보의 일환으로서 필리핀에서 인력 양성 사업을 추진하게 된 것이다.[3]

또한 일본의 대표적인 종합물류회사 Nippon Yusen Kaisha(NYK)의 경우에는 지난 2007년에 마닐라 근교에 상선대학(Maritime Academy)을 세운 바 있는데, 2013년에 이 대학의 정원을 종래 인원보다 50%나 늘려 180명으로 하여 입학생을 모집하기 시작했고 2016년에 졸업생 117명에 대한 기념식을 거행한 일이 있다.[4] 이미 이 회사가 운영하는 선박의 경우 70% 가량의 승무원을 이 대학 졸업생으로 충당하고 있을 정도다. 2013년 말에는 이 회사가 운영하는 액화천연가스(LNG) 탱커 선장에 처음으로 필리핀 사람이 취임하기도 하여 하급 노동력만의 배출이라고 하는 어두운 이미지를 완화시키기도 했다. 또한 플랜트의 설계와 운영에 있어서 이미 필리핀 기술자의 진출은 활발한 수준에 이르고 있다. 미국계 대기업이 필리핀 기술자 수 천 명을 고용하여 중동과 호주 등에서 플랜트 건설 프로젝트를 수행하고 있는 것은 널리 알려진 사실이다. 이 밖에 일본에서는 Japan Gasoline Company(日揮)와 CHIYODA Corporation (千代田化工建設) 등이 이미 마닐라에 거점을 마련하고 인력 확보에 나서고 있다.

---

3) http://www2.toyota.co.jp/jp/news/13/08/nt13_0802.html

4) http://www.nyk.com/english/release/4208/004534.html

NYK 상선대학 2016년 졸업식(출처: nyk.com)

　서구의 기업들은 필리핀에 비교적 저렴한 노동 인력이 풍부하고 게다가 영어 능력이 뛰어난 것에 착목하여 전화상담 업무 등을 필리핀 기업에 위탁하는 일이 많다. 필리핀에서도 이러한 업무의 거점이 인건비가 더욱 저렴한 곳, 즉 중부 혹은 남부 지방으로 옮겨가고 있는 것으로 알려지고 있다. 이처럼 서구기업이 필리핀의 인력을 적극적이고 효과적으로 활용하고 있는 것에 비하면 아직 일본기업의 경우 자국과 가깝다고 하는 지정학적 장점에도 불구하고 필리핀 인력의 활용이 그다지 활발하지 않은 편이다. 반면에 일본의 제조업의 경우, 여전히 하청기업들이 집중되어 있는 태국이나 인도네시아를 선호하는 경향이 강하다. 하지만 기업이 세계적으로 비즈니스를 전개하려고 한다면 보다 글로벌화 되어 있는 필리핀 인력의 적극적인 활용이 기업 발전에 유력한 선택지가 될 것으로 보인다. 이러한 일본 언론들의 지적은 일본 뿐 아니라 한국의 기업에게도 해당되는 것이 아닌가 생각된다.

_3_
일본의 개도국 인프라 연구조사

2015년 2월 2일 JICA는 보도 자료를 통하여 민간 기업이 제안한 개도룩 인프라 조사 사업으로 총 7건을 채택했다고 발표했다. 이 조사 용역은 일본이 관민 협력을 통하여 아시아 지역을 비롯한 개발도상국에 인프라 수출을 위한 기초적인 사업으로 이미 ODA를 통해 이들 국가와 관계를 맺어오고 있는 JICA가 주도하여 민간 기업으로부터 사업 아이디어를 모으는 것이다. 일본 정부가 적극 추진하고 있는 소위 PPP(Public Private Partnership) 사업의 토대가 되는 것으로 인프라 관련 일본의 민간 기업에게 이른 단계에서부터 개도국에 대한 인프라 설비 수출에 관심을 끌어들이려고 하는 목적에서 추진되고 있다. JICA는 최대 2000만 엔(円)을 상한으로 하여 조사용역을 발주하며 JICA의 경험과 네트워크를 활용하여 일본기업이 신흥시장에 진출할 수 있도록 지원하고 있다.

조사용역 사업은 지난 2010년에 처음 도입되었으며 2017년 8월 통산 11번째 모집을 공시하기에 이르렀다. 이 사업의 목적은 개발도상국에 필요한 개발 수요를 창출해 가는 것이며 ODA 자금만으로는 방대한 개발 수요를 채울 수 없다는 이유에서 도입되었다. 일본에서 국가기간의 ODA와 민간 기업의 활동이 상호간 건설적으로 파트너십을 구축함으로써 개발 효과를 극대화 하겠다는 목표도 작용하고 있다. 여기에서 파트너십이란 민관 연계(Public Private Partnership)을 의미한다. JICA는 인프라 조사사업의 요건으로서 (1) 개도국의 경제사회개발과 부흥 및 경제안정에 기여할 것, (2) 일본정부나 JICA의 국제협력 방침에 따르는 사업일 것,

(3) 일본정부가 제창하는 「질 높은 인프라 투자」의 개념에 합치하는 사업일 것, (4) 제안하는 사업체가 해당 사업에 대한 투자에 참여할 예정일 것, 등을 강조하고 있다.[5]

지난 2015년에 발표된 것은 2014년 6월에 공시한 공모안내에 관한 최종 선정결과다. 공모 결과 총 49개 기업으로부터 14건의 아이디어 제안이 올라왔는데 그 가운데 전문가 평가를 통하여 사업의 필요성, 실현가능성, 관민의 역할 분담, 엔 차관과 해외투자 가능성, 개발효과 등을 검토하고 평가한 결과 총 7건을 채택했다고 한다. 신흥시장의 인프라 정비 사업은 인프라 건설 뿐 아니라 완공 후의 운영과 유지관리에서도 일본의 기술 서비스와 자본이 투입될 수 있기 때문에 그 효과가 지대하다. 따라서 일본은 관민협력을 통하여 이 사업에 적극 관여하고 있으며 그 기초 단계에서부터 치밀하게 접근하고 있는 것이다. JICA는 이번 보도 자료를 통해서도 조사용역을 통하여 현장에서 신흥시장의 인프라 정비 수요를 파악하고 신흥시장과 일본이 효과적으로 대응할 수 있는 방안을 찾아 나서겠다는 의지를 재차 밝혔다.

통산 9번째로 2015년에 JICA가 채택한 조사사업 7건을 국가별로 간략하게 살펴보자. 먼저 인도네시아에서 2건이 채택되었다. (1) 「Lombok 국제공항 보수와 확장사업 준비조사」는 Bali섬과 함께 근래에 들어 관광으로 인기가 높아지고 있는 Lombok섬에서 국제공항의 보수와 확장에 일본의 기술과 자본을 투입하는 방안을 조사하는 일이었다. 이 조사용역에는 Japan Airport Terminal을 대표기업으로 하여, SOJITZ Corporation, TAISEI Corporation, AZUSA 설계, Oriental Consultants, Pacific Consultants가 공동기업으로 참여했다. 또한 (2) 「북부 스마트라

---

5) https://www.jica.go.jp/activities/schemes/priv_partner/ppp/

수력사업 준비조사」는 전력 공급이 부족한 이 지역에서 재생 가능한 에
너지의 활용과 안정된 전력 공급에 일본의 기술과 자본을 투입하는 아이
디어를 찾아내는 일이었다. 이 조사용역은 Nippon Koei 주식회사가 전
담하게 되었다.

북스마트라 발전소   롬복 국제공항
(출처: JICA)

인도네시아 외에 동남아시아 국가에서 말레이시아, 네팔, 방글라데시
가 각각 1건씩 채택되었다. 말레이시아의 「북부지역 태양광 발전소 정
비사업 준비조사」는 태양광 발전 사업을 통하여 얻은 수익 가운데 일부
를 개발이 늦어지고 있는 북부 4주의 개발공사에 제공하여 전력 공급을
개선하면서 지역개발에도 공헌하겠다고 하는 아이디어가 돋보이는 아
이디어였다. 말레이시아 조사용역에는 Panasonic을 대표회사로 하여
NEWJEC 주식회사가 공동기업으로 참여했다.

네팔의 「Tribhuvan 국제공항 보수와 확장사업 준비조사」는 수도 카
트만두의 국제공항에 이용자가 해마다 늘어나고 있어 공항의 보수와 확
대가 절대적으로 필요한 상황에서 일본의 기술과 자본으로 보수와 서비
스 운영을 담당함으로서 네팔에 대한 일본의 인프라 수출을 촉진하겠다
고 하는 아이디어였다. 네팔 조사용역에는 SUMITOMO Corporation을
대표기업으로 하여 공동기업으로 Nippon Koei, Tokyo Electric Power

Company가 참여했다.

또한 방글라데시의 「Matarbari 지구의 수입 석탄 터미널 건설과 운영 사업 준비조사」는 이 국가의 전력 부족을 해소하기 위해 여러 개의 석탄 화력 발전소 건설이 계획되고 있는데, 이러한 상황에서 엔 차관으로 화력발전소 건설이 추진되고 있는 Matarbari 지구에 수입 석탄 기지를 건설하자고 하는 아이디어가 돋보였다. 방글라데시 조사용역에는 MITSUBISHI Corporation을 대표기업으로 하고 NARITA International Airport Corporation, JALUX 주식회사, TAISEI Corporation, Japan Airport Consultants가 각각 공동기업으로 참여했다.

동남아시아 지역 이외에도 터키에서 인프라 조사사업이 2건 채택되었다. (1) 「Aydin의 국립종합병원 정비사업 준비조사」는 터키에 일본의 의료기술과 병원운영 방식을 제공하고자 하는 아이디어였다. 이 조사용역에는 대표기업으로 MAEDA Corporation이 참여하고 공동기업으로 ITEC과 LSI Medience Corporation이 참여했다. 또한 (2) 「Dardanelles 해협의 자동차 도로 사업 준비조사」는 이스탄불의 교통량 집중 문제를 해소하고 유럽과 아시아 물류 소통 문제를 개선하자고 하는 목적 아래 일본의 교량 건설 기술을 활용하여 Dardanelles 해협을 잇는 도로 루트를 모색하려고 하는 아이디어였다. 이 조사용역에는 ITOCHU Corporation을 대표기업으로 하고 IHI Corporation, IHI Infrastructure Systems, Japan Expressway International Company, Oriental Consultants가 각각 공동기업으로 참여했다.

_4_
베트남에 대한 일본의 인프라 수출

2015년 1월 4일 베트남의 수도 하노이에서는 베트남의 국회의장과 부수상 그리고 교통부 장관이 참석한 가운데 노이바이 국제공항 제2터미널 빌딩의 준공식이 열렸다. 이 자리에는 일본에서도 국토교통상과 베트남 주재 대사 그리고 다이세이(大成) 건설회사 사장도 배석했다. 이들은 이날 새로운 공항과 하노이 도심 사이를 연결하는 낫탄교(베트남 일본 우호의 다리)의 준공식에도 참여했다. 하노이 국제공항 터미널 신축과 낫탄교와 연결도록 건설을 위한 재원 총 1,785억 엔 가운데 일본정부가 74%에 달하는 1,315억 엔을 차관으로 제공했다. 베트남이 경제성장과 함께 앞으로 계속하여 사회 인프라 정비를 확대해 갈 것으로 예측하고 일본이 관민합동으로 적극 공세에 나선 것이다.

새로운 공항 청사 시공을 주도해 온 다이세이 건설은 2015년 1월 5일 보도 자료를 통해 준공 소식을 대외적으로 알렸다. 하노이 시내의 북부에 위치한 이 청사는 연간 천만 명의 이용객을 유치할 수 있도록 설계되어 제1터미널과 함께 연간 1,600만 명까지 수용할 수 있다. 베트남 관광과 물류의 새로운 중심축이 마련된 것이다. 새로운 청사 건물은 지상 4층, 지하 1층 콘크리트 건설에 S자형 지붕 구조를 하고 있다. 청사의 총 면적이 15만㎡ 이상으로 주차장과 터미널 고가도로 등을 함께 건설했고 특수시설로서 수하물 반송설비, 탑승교, 출발도착 정보장치, 보안설비, 발권장치, 오폐수 처리설비, 연료공급설비 등을 갖추고 있다. 다이세이는 베트남의 최대 건설회사인 VINACONEX와 공동 시공으로 2012년 2

월에 착공하여 34개월간에 걸친 공사 끝에 2014년 12월에 완공했다. 다이세이와 VINACONEX와의 투자 비율은 서로 공개하지 않기로 하고 있어 일본기업의 비중을 암시하고 있다.

하노이국제공항 제2 청사
(출처: JICA)

낫탄교

한편 낫탄교는 새로운 공항과 하노이 도심을 연결하는 도로에서 중심적인 기능을 하고 있다. 이 다리는 일본의 대표적인 교량 건설 기업인 IHI Infra System이 주로 교량상판과 케이블 등의 시공을 담당했고, Sumitomo Mitsui Construction은 기초 공사와 주탑 공사 등을 담당했다. 이 교량은 일본이 베트남 인프라 사업으로서 힘을 들이고 있는 하노이 간선도로 건설 사업 가운데 가장 괄목할 만한 시설물이 되었다. 현재 진행 중인 하노이 간선도로 프로젝트는 역시 일본이 ODA를 지원하고 있는 사업으로, 마치 서울의 한강 개발을 연상하게 한다. 하노이의 중심 하천인 홍하(송코이강)를 가로질러 간선도로를 건설하여 만성적인 교통 체증 문제를 해소하려는 대형 프로젝트다. 간선도로 사업은 역시 일본의 ODA로 건설되고 있는 베트남 제3호 국도와 연결되며 노이바이 국제공항을 거쳐 중국과의 국경으로 이어지는 이른바 베트남의 대동맥을 구축하는 사업이다.

IHI Infra System도 2015년 1월 5일 보도 자료를 통해 낫탄교의 준공 소식을 대외적으로 알렸다. 2009년 10월에 착공하여 5년 2개월간의 공사 끝에 2014년 12월에 준공했다는 것이다. 낫탄교는 케이블을 이용한 세계 최대급 규모의 사장교로 유명하다. 주요 부분인 5개의 타워와 6경간 연속 사장교 부분이 1500미터에 달하며 여기에 부대 교량까지 합치면 총 3080미터에 달하는 긴 교량이다. 또한 교량 주탑의 높이는 106.31~108.56m에 달하며 교량의 폭은 35.6m이고 6개의 차선과 2개의 보도로 되어 있다. 총 공사비 약 400억 엔은 모두 엔 차관을 재원으로 했다. 이 교량은 하노이시 천도 1000주년을 기념하는 시설이기도 하다. 종래의 루트를 통해서 국제공항에서 하노이 중심부까지 1시간 이상이나 걸렸지만 이제는 새로운 교량과 연결 도로를 통해 35분 정도에 주파할 수 있게 되었다.

일본정부는 2020년까지 개도국의 인프라 수주액을 30조 엔으로 확대하겠다는 목표를 제시했다. 2010년 실적이 1조 엔이었던 것에 비하면 30배에 이르는 야심찬 계획이다. 일본 국내의 인구가 감소해 가는 가운데 일본 기업들도 정부의 계획에 맞추어 신흥시장 진출을 앞 다투어 추진하고 있다. 특히 지속적으로 경제성장을 이룩하고 있는 베트남은 일본정부나 일본기업에 있어서 절호의 투자처가 되고 있다. 하이퐁 항구 근해에 새로운 컨테이너 터미널을 정비하는 사업에, 현재 Sumitomo Mitsui Construction 이외에도 Penta Ocean Construction(五洋建設), Toa Corporation(東亞建設)이 참여하고 있다. 아직은 실현되고 있지 않지만 하노이나 호치민에 도시철도 계획이나 호치민 교외에 국제공항을 건설하는 계획 등에 대해서 일본기업이 높은 관심을 나타내고 있다. 다만 베트남에서도 여타 개도국에서 보이는 것처럼 사업 투자에 문제가 많이 나타나고 있다. 특히 현지주민과 토지수용을 둘러싸고 잡음이 끊이지 않고 있다. 실제로 낫탄교 공사도 애초의 계획에 비해 2년 이상 공사 기간이 늘어졌고 연결도로 시공을 맡은 Tokyu Construction의 경우에는 토지 수용과 장애물 이전 등으로 기간이 대폭 늘어나 추가비용을 베트남 측에 요구하고 일부를 얻어내기도 했다.

그럼에도 불구하고 장기간에 걸쳐 인력과 기술을 활용할 수 있다는 점에서 개도국에 대한 인프라 수출은 국가나 기업에 있어서 엄청난 이익을 창출한다. 이것은 아이디어만으로 할 수 있는 일이 아니며 개도국의 지속적인 신뢰가 없이는 시행하기 어렵다. 즉 협력의 역사가 필요한 것이다. 베트남과 다이세이의 경우 과거 22년간에 걸친 신뢰의 역사가 있었다는 것이 이를 잘 말해 주고 있다.

한신공영, 하노이도로건설 계약
(출처: 한신공열)

한국의 한신공영이 베트남으로부터 깊은 신뢰를 얻어 올해 도로건설 공사를 수주한 것은 한국에게 시사하는 바 크다. 2015년 1월 14일자 연합뉴스의 보도에 따르면, 한신공영은 일본의 ODA를 재원으로 하여 진행되고 있는 하노이 도로 건설에서 3300만 달러 상당의 공사를 수주했다고 한다. 하노이 시내의 병목구간에서 지하 차도와 접속도로 건설, 도로 확장, 램프 개선 등의 공사를 수행하기로 한 것이다. 이 회사는 지난 2005년에 베트남 독립을 기념하여 한국의 베트남 유학생 행사를 지원한 이래 매년 관련 행사를 지속해 왔고 유학을 마치고 베트남에 귀국한 유학생 동문들에게도 계속하여 지원해 왔다. 끊임없는 애정이 베트남 정부에 알려져 2009년에 최용선 회장이 「베트남 국가우호 훈장」을 받았고, 2010년에는 호치민 중앙공산당 청년단 연합으로부터 「청년세대훈장」을 받았다. 한신공영은 2014년에 노이바이 국제공항과 하노이 서부를 연결하는 4천만 달러 규모의 공사를 마무리한 데 이어, 현재 베트남 북부 빈푹성에서 3700만 달러 규모의 상수도 공사를 진행 중이다.

_5_
하이퐁 항구 정비를 위한 일본의 투자

2016년 10월 11일, 일본우선(日本郵船, NYK) 주식회사는 보도 자료를 내고 자동차 전용선박에 의한 하이퐁(Hai Phong) 항구 기항을 시작했다고 발표했다. 이제까지 이 회사는 베트남 북부로의 수송은 카이란(Cai Lan) 항구를 이용해 왔고 그것도 한 달에 한 차례 꼴로 이용해 왔다. 그런데 앞으로는 기항지를 하노이에서 가까운 하이퐁 항구로 바꾸고 이용 선박 수도 한 달에 두 차례로 증편하겠다고 발표했다. 그 해 10월 8일 이 회사는 소속 자동차 운반선 「MODERN LINK」가 처음으로 베트남 북부 하이퐁 항구에 기항한 것을 기념하여 축하 행사를 열고 하이퐁 항구에 대한 완성차 해상 수송 서비스 「Ruffles Ao Dai RORO Express (REX)」를 공식적으로 시작했다. 이 회사는 경제성장이 두드러진 베트남에 대해서 완성차 수송 수요에 대응하고 ASEAN 국가들에서 배양한 경험들을 활용하여 고품질의 경쟁력 있는 서비스를 제공하겠다고 했다. 「MODERN LINK」는 주로 방콕 근처의 램차방(Laem Chabang) 항구와 호치민 항구에 이어 하이퐁 항구에 기항할 것이라고 한다.

일본자동차 전용선 하이퐁 첫 기항(출처: nyk.com)

하이퐁 항구는 하노이에서 동쪽으로 약 120km 떨어진 현관과 같은 하천 항구로 일찍이 1876년에 개항하여 석탄의 반출 항구로 발전했다. 근현대에 들어서 하이퐁시는 베트남 북부의 주요 경제중심 지역 가운데 하나로 자리 잡았다. 식민지 시대에 사이공에 이어 하노이와 함께 베트남의 둘째 도시로 성장했고 19세기 말 프랑스는 하이퐁을 「인도차이나의 경제수도」로 할 구상을 내보이기도 했다. 오늘날 하이퐁 시는 직할시로서 베트남의 대표적인 항만 도시이며 공업과 무역의 중심 지역이 되고 있다. 베트남 북부 최대의 항구를 가지고 있고 하노이에 이어 높은 공업 생산량을 나타내고 있다. 하이퐁은 홍하 델타에서 중요한 쌀 산지가 되고 있고 어업에서도 베트남 전체에서 4번째로 큰 어장을 가지고 있다. 하이퐁 시는 2010년 한국의 인천시와 자매도시 결연을 맺었다. 인천항과 하이퐁항 사이에 신규 컨테이너 항로를 개설하는 한편 2017년 3월에는 베트남 저가항공 비엣젯을 통한 인천−하이퐁 간 직항로도 개설되었다. 이처럼 하이퐁시의 입지적 조건과 함께 하이퐁 항구는 베트남 북부의 무역과 물류에 있어서 가장 중요한 위치를 차지하고 있다.

베트남 정부는 「2020년까지 국가항만 개발전략」을 세우고 하이퐁 항구에 대형 선박의 입항이 가능하도록 준설작업과 함께 대대적인 인프라 정비에 나서고 있다. 특히 2015년 12월에 한국 남광토건 등이 참여하여 하노이와 하이퐁을 연결하는 고속도로를 완공함으로써 명실공이 하이퐁 항구를 베트남 북부 물류의 거점으로 만들었다. 또한 근래에는 제조업을 중심으로 세계의 기업들이 이곳에 투자를 늘리고 있다. 일본 기업 가운데는 노무라(野村) 공단, VSIP공단, 딘부(Dinh Vu)공단 등이 위치한 하이퐁시의 공단에서 섬유, 자동차 타이어, 가전제품, 조선, 시멘트 등 폭넓은 분야에서 생산이 이루어지고 있다. 이에 따라 현재 하이퐁 항구에는 컨테이너가 다수 적재되어 있고 수출입 선박이 다수 입항하고 있다.

오늘날 하이퐁 항구는 선박 2만 톤 정도를 입항시킬 수 있는 시설을 갖추고 있으며 특히 근래에 들어 하구에 위치한 딘부 지구에 근대적인 컨테이너 터미널이 정비되면서 20피트형 컨테이너 약 400만 개를 취급할 수 있게 되었다.

하이퐁 고속도로와 항구(출처: viet-jo.com(좌), vovworld.vn(우))

베트남 북부에는 Yazaki, Toyoda-Gosei, Canon, Denso, Panasonic, HOYA, Yamaha 등의 일본기업들이 진출해 있다. 이와 같은 배경 아래에서 2016년 일본의 완성차 전용 선박의 하이퐁 기항이 이루어진 것이다. 또한 일본정부에 의한 유상 원조사업으로 하이퐁 항구가 정비된 것도 중요한 역할을 수행한 것으로 보인다. 하이퐁 항구의 인프라 정비 사업(Hai Phong Port Rehabilitation Project)은 JICA에 의한 타당성 조사를 기점으로 하여 추진되었다. 타당성 조사는 1993년부터 실시되었고 항만 인프라 확충 공사는 1997년에 시작되었으며 2000년 일단 완료되었다. 제1기 사업에서는 컨테이너 시설의 확충 등이 실시되었는데 이때 장래 입항 선박의 대형화와 화물 컨테이너의 증가, 화물 취급량의 증가에 대응하기 위해서는 항만 기능의 제약요인이 되고 있는 항로 준설과 컨테이너 시설 증설이 불가결하다는 지적을 받았다. 이에 따라 JICA는 2000년 3월에 유상자금으로 132.87억 엔(1400억 원)을 베트남에 제공하고 이 자금을 하이퐁 항로에 쌓인 모래를 파내고 노후화된 항만 시설들을 개량 보수하는데 사용하게 했다. 이때 차관계약 조건으로는 연리 1.0%에다가 10년 거치 40년간에 걸친 상환을 내걸었다. 일본은 이와 같이 거의 장기 무이자로 베트남에게 자금을 제공하는 대가로, 베트남 운수성에 대해서 JICA 의 타당성 조사 결과에 따를 것, 일본의 고요(五洋)건설과 도아(東亞)건설에 항만 개량사업을 맡길 것, 일본의 OCDI(국제임해개발연구센터) 등의 컨설팅에 따를 것, 등을 조건으로 하는 조건부 차관(tied loan)이라는 점을 분명히 했다.

_6_
말레이시아 고속철도 사업

　말레이시아의 쿠알라룸푸르와 싱가포르를 잇은 고속철도 계획을 둘러싸고 한국을 비롯하여 중국과 일본, 그리고 프랑스, 독일 등이 수면 아래에서 격심한 수주 경쟁을 펼치고 있다. 여기서는 일본을 중심으로 하여 한국과 중국의 수주 활동을 소개하고자 한다. 한국 철도시설공단(KR)의 홈페이지 게시판에 올라와 있는 소식 가운데, 2016년 2월 4일, 경기도 의왕시에서 이 기관이 주최하여「말레이시아-싱가포르 고속철도사업」한국사업단 사무소를 열었고 현판식을 가졌다는 소식이 있다. 이것은 한국에서도 이 사업 수주에 참여하기 위한 전담조직이 가동되었음을 의미하며 이 사업단에는 철도공사, 철도기술연구원, 현대 로템, LH 등 25개 업체가 참여하고 있는 것으로 알려지고 있다. 한국 철도시설공단은 사업단 대표사로서 사업 수주를 위해 2015년 6월부터 KR 부이사장을 단장으로 하는 T/F를 구성하고 쿠알라룸푸르에 홍보관 개관한 이후 인력 파견을 통한 현지 지원활동을 전개했다.

　2016년 6월 1일자 국토일보는 한국사업단 운영위원회 위원장인 강영일 KR 이사장이 쿠알라룸푸르에서 말레이시아 현지 유력 설계사인 Ranhill과 상호협력을 위한 MOU를 체결했다고 보도했다. 이번 MOU 체결은 말레이시아 현지 회사와 한국사업단이 처음으로 협력관계를 맺은 것으로, 말레이시아 현지의 제반 여건을 감안한 정밀한 교통수요 분석과 사업비 산출 등을 통해 경쟁력 있는 사업모델을 구축하기 위한 기초 활동이다. 또한 KR은 앞으로 한국고속철도의 성능을 알리기 위해 말레이시아 5개 주요 언론사 간부를 한국에 초청하여 홍보 투어를 시행하겠다고 한다. KR의 과거 실적으로는 2012년 12월부터 2016년 3월까지 말레이시아 MRT 통신시스템 구축사업에 참여하여 Sungai Buloh~Kajang 사이의 51km 구간에 걸쳐 광전송과 열차무선 통신시스템의 설계, 구매, 설치, 시운전에 대한 자문을 실시한 바 있다. 강호인 국토교통부 장관도 6월 12일부터 16일까지 싱가포르와 말레이시아를 차례로 방문하고 양국의 장관급 주요 인사를 면담하는 등 HSR 수주 지원 활동을 펼쳤다. 다만 한국은 고속철도 기술의 해외수출 실적이 전무하고 국내 수준에 머물러 있어 현재로서는 국제적 수주 경쟁에서 상대적인 약세에 놓여있다는 점을 부정할 수 없다.

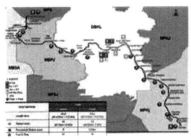

말레이시아 MRT 구상   KR-Ranhill의 MOU 체결
(출처: 한국철도시설공단(좌), 국토일보(우))

　말레이시아와 싱가포르 양국에서 논의되는 고속철도(HSR=High Speed Rail) 사업의 계획은 대체로 다음과 같다. 현재 쿠알라룸푸르에서 싱가포르까지 약 350km 구간을 이동하는데 열차로 7시간, 버스로 5시간, 비행기로 1시간 걸린다. 그런데 비행기의 경우 쿠알라룸푸르 공항에서 시가지까지 이동하거나 탑승시간을 고려할 때 약 4시간 정도 걸린다. 따라서 고속철도로 건설하여 90분 만에 양 도시를 연결하겠다는 것이다. 이 사업은 총 비용 120억~150억 달러가 소요되는 대형 사업이다. 애초

에는 말레이시아의 선진국 진입 목표에 맞추어 2020년에 개업하겠다고 계획했으나 사업의 규모나 복잡한 문제들을 고려할 경우 2020년 개업은 어려울 것으로 보이며 2022년쯤에 가서야 개업할 수 있을 것으로 보인다. 2015년에 예산문제로 입찰이 잠정 중단되었다가 미국의 McKinsey &Company, 프랑스의 SYSTRA, 말레이시아의 Minco Consultant 등으로 컨설팅 팀을 구성하여 현재 계획을 재검토하고 있다.

나집 라작(Najib Razak) 말레이시아 총리는 2017년 10월 17일 쿠알라룸푸르와 싱가포르를 잇는 고속철도의 7개역 컨셉 디자인을 공개했다. 이때 나집 총리는 이 디자인이 말레이시아의 정체성과 전통을 반영하면서도 모던하고 미래적인 디자인을 유지했다고 말했다. 이 고속철도는 쿠알라룸푸르를 출발해 반지 · 푸트라자야 · 세렘반 · 말라카 · 무아르 · 바투파핫 · 이스칸다르 푸테리 역을 거쳐 싱가포르 주룽 이스트 역으로 향하며, 말레이시아 구간이 335㎞, 싱가포르 구간이 13㎞에 달한다. 나집 총리는 고속철 건설을 위한 토지 매입 절차가 2017년 11월 1일부터 시작될 것이라고 했다. 대체로 2018년 초에 본격적인 입찰이 이루질 것이고 2026년 12월부터 운행에 들어갈 예정이다.[6]

만약 고속철도가 개통되면 양국 사이를 매일 출퇴근하는 사람이 늘어나게 될 것이고 그렇게 되면 싱가포르의 만성적인 노동력 부족 문제가 완화될 것으로 전망하고 있다. 이 외에도 관광객 증가나 부동산 시장의 성장 등 파급효과가 클 것으로 보인다. 싱가포르 측의 터미널로 결정된 Jurong East 지역에서는 이미 터미널 건설용지가 결정되어 벌써부터 그 주변에 호텔이 다수 건설되고 있다. 앞으로 고속철도 건설용지의 매수, 출입국 관리 체제 정비, 검역 체제 정비, 사업비 마련, 열차운임 책정 등

---

6) 아시아투데이, 2017년 10월 18일.

을 둘러싸고 해결해야 할 문제가 많이 남아 있다 하지만 이 사업의 핵심
이 되는 철도건설 사업이나 IC요금 시스템 사업을 담당하게 되면 철도
운영 시스템의 보수, 운영, 인력양성 등은 물론, 역내 매점과 호텔, 쇼핑
센터 등의 설계, 운영, 좌석 예약, 발권시스템, IC카드 결제시스템 등, 여
타 분야로 사업을 확장해 갈 수 있다. 말레이시아 정부 당국자는 다음 달
7월 중에 이 사업 계획에 관하여 또 다시 싱가포르와 협의할 것이라고
한다.

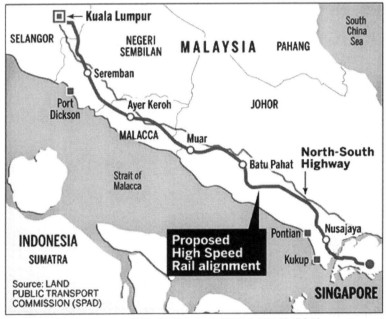

쿠알라룸푸르-싱가포르 고속철도 구상(출처: emerics.org)

인도네시아 고속철도와 마찬가지로 이 사업을 둘러싸고는 중국과 일
본이 강력한 라이벌이 되어 수주에 열을 올리고 있다. 일본은 2007년 대
만에 이어 2015년 말에 인도에서 신칸센 기술로 수주한 실적을 가지고
있으나, 2015년 3월 인도네시아의 고속철도 계획에서 수주를 눈앞에 두

고 중국에게 빼앗긴 뼈아픈 경험을 간직하고 있다. 따라서 말레이시아-싱가포르 고속철도 계획에 대해서는 민관 합동으로 설욕전에 나서고 있다. 일본의 민간기업 가운데 JR東日本, 住友商事, 日立製作所, 三菱重工業 등은 「All Japan」이라는 사업단을 구성하고 일찍부터 수주 경쟁에 뛰어들었다. 일본정부로서도 2013년 7월 아베 수상이 말레이시아를 방문했을 때, 그리고 2014년 5월 말레이시아 나집 총리가 일본을 방문했을 때, 수주를 위한 로비 활동을 적극 펼친 것으로 알려지고 있다. 그 후 일본 수상은 ASEAN 회의 등 말레이시아 수상과 회담을 할 때마다 신칸센을 홍보하고 있는 것으로 알려지고 있다. 일본정부는 2014년 11월에 일찍부터 말레이시아 정부 관리들을 초치하여 쿠알라룸푸르 시내에서 「제1차 말레이시아 고속철도 심포지엄」를 열고 신칸센 기술을 홍보하기 시작했다.

2016년 4월 29일 쿠알라룸푸르에서 열린 제2차 심포지엄에서도 일본은 민관합동으로 기존에 해 오던 신칸센의 기술이나 안전성에다가, 저렴한 운용비용을 추가하여 홍보했다. 이것은 인도네시아에서의 수주 실패 경험에 따른 것이다. 이 자리에서 야마모토 준조(山本順三) 국토교통성 부장관은 개업 이래 승객 사망을 전혀 발생시키지 않았다고 하며 신칸센의 안전성을 강조했고, East Japan Railway의 한 간부는 「In the Station」(Eki Naka) 사업, 특히 이 회사가 역 구내에 상업시설 「Ecute」를 건설하여 성공을 거두고 있는 사례를 소개하며 신칸센 시스템의 수익성 사례를 홍보했다. Eki Naka사업은 2000년대에 들어 각 철도역 구내에 편의점, 음식점, 서점, 의류점, 이발소, 보육원 등 다양한 시설을 유치하여 운영하고 있는 사업이다. 결과적으로 싱가포르의 경우 일본의 신칸센 기술을 높이 평가하고 있는 것으로 알려지고 있으나 말레이시아는 건설비용 규모와 재원 마련에서 신중한 자세를 보이고 있다. 고속철도 건설이 대부분 말레이시아에서 이루어지는 만큼, 입찰 과정에서 말레이시아 측의 의견이 보다 중시될 것으로 보인다.

중국 역시 고속철도 계획의 수주에 주력하고 있다. 중국의 국유철도 건설 기업 中鐵은 2016년 3월 쿠알라룸푸르에 20억 달러를 투자하여 철도 인프라 기획을 위한 시설을 건립하겠다고 발표했다. 그리고 그 해 5월 23일 China News Service 보도에 따르면, 중국철로총공사 盧春房 부총경리가 "중국의 고속철도 기술은 자주적 지식재산권을 확립하고 있어 해외진출을 둘러싸고 다른 국가와 분쟁이 일어날 가능성이 전혀 없다"고 공언하고 나서 중국이 말레이시아 고속철도 수주에 주력하고 있음을 나타냈다. 盧春房은 중국의 고속철도가 단계적으로 혁신을 실시하고 열차 차체가 수평방향으로 회전하도록 하는 「Bogie Car」 기술 등을 개발했으며 시속 350㎞로 주행할 수 있는 고속철도를 이미 시범 운영하고 있다고 했다. 아울러 출발지에서 목적지까지 이동을 전체적으로 원활하게 하는 Seamless 시스템을 도입했고 종래의 열차와 같은 소음이 일어나지 않도록 했다고 주장했다. 이러한 기술혁신 이외에도 고속철도 건설 관리와 시공 기간을 단축하여 베이징－톈진 사이를 3년 반 만에 초고속을 달리게 했으며 이것은 프랑스 파리와 리옹 사이의 공사 기간을 절반으로 줄인 것이라고 했다. 또한 World Bank의 연구보고를 인용하여 중국의 고속철도 건설비용은 선진국의 3분의 2 수준에 불과하다고 했다.

또한 지난 6월 20일자 중국의 China Business News는 이름을 밝히지 않은 어느 말레이시아 정부 관계자의 말을 인용하는 가운데, "중국의 고속철도 기술은 세계 최첨단을 자랑하고 있고 안전성이 높으며 속도 등에서도 매우 앞서고 있다고 평가했다"고 보도했다. 나아가 이 매체는 앞으로 입찰할 때에 안전성과 기술력 뿐 만 아니라 철도 주변의 경제발전에 어느 정도 공헌할 수 있을 것인가에 대해서도 평가할 예정이라고 전했다. 이어 중국이 2016년 3월 태국과 합동으로 고속철도를 건설하기로 합의한 것을 들어, 중국과 동남아시아를 잇는 고속철도 계획이 확대되고 하며 "중국의 고속철도를 채용한다면 장래의 노선 연장이나 상호 연결이라고 하는 점에서 유리하다"는 점을 강조했다. 심지어 "만약 일본의 신칸센을 채용한다면 서로 다른 시스템으로 장래에 이상적인 결과가 나오지 않을 것"이라고 보도하기도 했다. 그러나 최근 Brexit 현상에서 보이는 바와 같이 중국의 「일대일로」(一帶一路) 구상에는 동남아시아 국가들이 적극 동조하지 않을 가능성이 크며 중국의 고속철도 기술력에 대한 말레이시아-싱가포르의 불신감도 여전히 강하다.

현실화 단계에 들어선 말레이시아-싱가포르 사이의 고속철도, 그리고 인도, 태국 등 아시아 국가들 내부에서는 고속철도 계획이 유행처럼 붐을 이루고 있으며 구상에 불과한 계획을 포함하면 총 1만 km가 넘을 것으로 보인다. 따라서 앞으로 아시아 국가의 고속철도 인프라 수주를 둘러싸고 각국이 외교적으로나 민간기업 비즈니스 분야에서 치열한 경쟁을 펼쳐 갈 것으로 전망된다. 고속철도 계획의 수주 문제는 단순히 철도라고 하는 하드웨어 인프라 건설에만 그치지 않기 때문에 국가간 경쟁이 더욱 치열해지고 있는 것이다.

_7_
자카르타-반둥 고속철도 계획

인도네시아 고속철도 계획은 수도 자카르타에서 반둥 사이의 구간 약 150km에 고속철도 전용 철도를 부설하고 시속 300Km에 주파하게 한 다는 것이다. 이렇게 되면 기존 재래 철도로 3시간 가까이 걸리던 것을 40분 안팎으로 단축할 수 있게 된다. 일본이 2015년 이전부터 인도네시아 고속철도 기술면에서 신칸센 방식의 장점으로 내세운 것은 다음 4가지이다. (1) 신칸센은 1964년 개업 이래 사망사고가 전혀 없었고, 평균 연착 시간이 1분 이내로 안전성과 정시성에서 뛰어나다는 점, (2) 고속철도 전용선을 전제로 하여 재래선 개량에 비해 사고 방지나 교통 용량의 증가에서 뛰어나다는 점, (3) 일본의 경우와 같이 30%의 경사에서도 시속 210km 속도로 달릴 수 있기 때문에 치캄펙(Cikampek)~반둥 사이의 급경사 구간에서도 대응이 가능하다는 점, (4) 지진을 조기에 검지하고

현행 자카르타-반둥 철도(출처: blog.livedoor.jp)

열차 운행을 컨트롤 하는 기술은 신칸센 시스템 특유의 기술이며 이것은 지진이 많은 인도네시아에 특히 적합한 기술이라는 점을 강조했다.

그런데 2015년에 들어 뒤늦게 중국도 인도네시아 고속철도 사업 수주에 뛰어들었다. 일본과 중국이 과도한 경쟁 움직임을 보이고 있는 가운데, 2015년 9월 3일 인도네시아 경제조정장관(Darmin Nasution)은 일본계획안은 고속철도 건설비 등에 들어갈 엔 차관의 안정성을 위해서 인도네시아 정부가 상환을 보증해야 한다고 명시했다고 밝혔고, 중국계획안은 사업 추진과정에서 이에 참여할 인도네시아 국영기업에서 만약 자본이 부족하게 되면 사실상 인도네시아 정부가 정부지출을 통해 증자해야 한다고 명시했다고 했다. 이에 따라 인도네시아는 어느 쪽 계획안도 받아들일 수 없다고 했다. 고속철도 사업으로서 일본계획안은 신칸센(新幹線) 기술을 핵심 내용으로 하는 것으로 총 사업비 64조 루피아(약 5조 5천억원) 규모에 달하는 것이었다. 철도부지 확보를 위한 토지 수용비를 포함한 것으로 이 가운데 75%에 달하는 자금을 엔 차관으로 충당하겠다는 발상이었다. 이에 비하여 중국계획안은 사업비 총 74조 루피아를 상정한 것이었다.

일본은 이미 60년간에 걸친 엔 차관 제공의 역사를 토대로 하여 오래 전부터 인도네시아에 신칸센 방식의 고속철도 사업을 추진할 것으로 제안해 왔다. 일본의 경제산업성과 국토교통성이 2008년부터 사업타당성 조사를 시작하여 2012년 11월에는 조사보고서를 내놓았다. 아울러 2015년 3월에는 인도네시아 대통령을 일본에 초청하여 도쿄와 나고야 사이에서 신칸센 시승을 하게 하여 그 안정성을 실지로 체험하게 했다. 이때까지 일본은 비교적 안정된 상황에서 인도네시아 고속철도 사업을 수월하게 수주할 수 있을 것으로 예상했다. 그런데 막판에 중국이 끼어들면서 상황이 바뀌었다. 중국은 5개월 정도의 사전조사를 거쳐 저리융자 조건을 제시하고 인도네시아 정부에 대해 의무를 부여하지 않는 조건을 제시하면서 치열한 경쟁 상태에 빠지게 된 것이다.

2015년 9월 3일의 최종 검토에서 조코 대통령의 지역균형 발전을 중시하는 판단이 크게 작용한 것으로 보인다. 막대한 예산이 소요되는 고속철도 계획안에서 해당 구간이 인도네시아 영토 전역에 비추어 볼 때 너무도 짧다는 것이다. 인도네시아 국내에는 자바섬 이외에도 인프라 시설이 뒤떨어진 지역이 많은데 고속철도 사업을 추진하는 것은 아직 시기상조라는 것이다. 새로운 고속철도 건설보다는 종래의 철도를 개량하여 시속 200~250km 정도로 빠르게 하면 고속철도보다 10여분 정도 더 걸리는데 그친다고 판단한 것이다. 철도 개량에 소요되는 비용은 고속철도에 비해서 30~40% 저렴하게 든다고 보았다. 이처럼 수정된 철도개량 방침을 토대로 하여 인도네시아 정부는 일본과 중국에게 수정된 계획안을 요청했다.

일본과 중국의 경합 결과, 인도네시아는 2015년 9월 하순 최종적으로 중국의 계획을 받아들이겠다고 발표했다. 과거 ODA 제공 실적과 수뇌간의 상호 방문 노력 등을 통해 신칸센 수출을 굳게 믿고 있었던 일본은 정치권은 물론 언론계에서 중국에게 패배한 것을 비통하게 받아들였다. 그해 9월 29일 스가 요시히데(菅義偉) 일본 관방장관은 "참가 기회를 공평하게 제공하겠다는 설명을 듣고 있었음에도 불구하고 방침이 갑자기 바뀌어 중국측 계획을 받아들이기로 한 경위는 상식적으로 이해하기 어렵고 지극히 유감이라고 말하지 않을 수 없다"고 하며 불편한 심기를 그대로 드러냈다. 계획안에서 중국은 일본의 3분의 1에 불과한 건설 단가와 최고 시속 486km에 이르는 기술력 등을 내세웠고 안전성과 신뢰성만을 강조한 일본 신칸센을 결과적으로 누를 수 있었다. 무엇보다 중국의 계획안이 인도네시아 정부에 대해 재정 부담이나 채무 보증에 관한 조건을 달지 않았고 50억 달러에 이르는 건설비용을 중국이 융자하겠다고 제안했다. 이것이 인도네시아 각료들을 움직이게 하는데 결정적인 이유가 된 것으로 보인다.

일본의 미야자와 요이치(宮澤洋一) 경제산업성 장관은 그 해 10월 4일에 가진 기자회견에서 "이제까지 사실 나 자신도 인도네시아 관계자에게 여러 가지 도움을 요청한 사항이기도 하여 유감스런 일이라고 생각한다"고 했다. 또한 오타 아키히로(太田昭宏) 국토교통성 장관도 이날 기자회견에서 "인도네시아 정부의 상세한 설명을 기다리겠다"고 말했다. 일본의 수상 측근은 이번 인도네시아 고속철도 문제를 '보기드문 경우'라고 해석하고 애써 그 의미를 축소하고자 했다. 그러나 이날 산케이신문이 보도한 바에 따르면, 일본의 어느 대기업 간부는 일본의 패인을 '방심(油斷)'이라고 지적하고 "정부와 민간의 움직임이 제각기 달랐다, 제대로 정보 수집을 했더라면 중국의 무모한 계획이 나올 것을 충분히 예상할 수 있었는데 그렇게 하지 못했다"고 밝혔다.

그 해 11월 제10회 동아시아 정상회의(EAS)에 참가하기 위해서 말레이시아 쿠알라룸푸르를 방문한 아베 일본총리는 인도네시아 조코 대통령과 회담하는 자리에서 불편한 심기를 드러냈다. 그는 일본측이 "실현 가능한 최선의 제안을 했는데, 결과에 실망했다. 대형 인프라 사업에서는 신뢰관계나 투명성, 관민의 위험성 부담이 불가결하다"고 하고 앞으로 협력을 강화해 가기 위해서는 서로 인식을 공유해 가야 한다고 말했다. 한국의 연합뉴스가 2015년 9월 30일에 보도한 바에 따르면, 중국 고속철도 '저우추취'(走出去)의 대외수출 움직임은 가히 놀랄 만하다. 중국은 다른 국가에 비해 30% 저렴한 공사비용(세계은행 추산)을 세일즈 포인트로 하여 수주에 열을 올리고 있다. 2014년 11월 중국은 멕시코 고속철도 계획에서 낙찰을 받았으나 멕시코 정부의 갑작스런 취소로 수주 기회를 놓친 적이 있다. 그럼에도 불구하고 2014년 7월에 중국철도건설공사를 주축으로 하는 중국기업들은 터키 앙카라와 이스탄불 사이의 533km 구간을 개통하여 세계를 놀라게 했다. 그리고 2015년 9월 하순에는 중국 철도기업과 인도 현지 기업이 공동 참여하는 컨소시엄이 뉴델리와 뭄바이 사이의 1,200km 구간 타당성 연구용역을 맡기로 결정되었다.

중국이 이처럼 해외 고속철도 사업에서 역량을 발휘하고 있는 것은 정부의 전폭적인 지원에 힘입어 지난 10여년 동안 자체 기술력을 대폭 발전시켰기 때문이다. 중국은 1990년대에 고속철도 선진국의 기술을 도입하여 자체 연구를 시작했으며 2008년 8월 베이징과 톈진 사이의 고속철도를 개통하여 중국 자체 고속철도의 시작을 알렸다. 그 후 2009년 우한-광저우, 2010년 상하이-난징, 상하이-항저우, 2011년 베이징-상하이, 광저우-선전 등을 고속철도로 연결했고, 2012년 12월에는 베이징과 광저우 사이에 2,300km에 달하는 세계 최장의 고속철도를 개통시켰다. 이것은 두 도시 사이의 주행 속도를 8시간으로 단축시켰으며 중국대륙을 1일 생활권으로 만들었다. 이 외에도 2012년 하얼빈-다롄, 2013년 항저우-선전, 최근 선양-단둥이 고속철도로 연결되었다. 이후 공격적인 투자를 통해서 오늘날 2만 1000km의 고속철도망을 구축했다. 이는 세계 고속철 운영 거리의 65%가량에 해당한다.

홍레이(洪磊) 중국 외교부 대변인은 2015년 9월 29일 인도네시아 고속철 수주 결정 소식에 앞서 "중국은 고속철도 건설과 운영에서 풍부한 경험을 보유하고 있고 협력모델, 융자조건, 기술이전, 공정기간 등에서도 명확한 우위를 갖고 있다"고 발표했다. 중국은 2014년에 양대 고속철도 기업인 북차(北車)와 남차(南車)를 합병하고 본격적인 고속철도 해외진출을 추진했다. '일대일로(一帶一路)' 정책 아래 중국을 유라시아, 북미,

남미까지 고속철도로 연결하겠다고 했다. 오늘날 이미 세계 고속철도 운행거리 총 2만 km의 절반을 중국이 차지하고 있는 것을 기반으로 하여, 앞으로 AIIB의 자금력을 무기로 세계 각국 특히 아시아 개도국에 대한 고속철도 수출에 적극 나설 것이 분명하다. 이에 반하여 인프라 수출을 국가성장 전략의 한 축으로 내걸고 2013년까지 16조 엔에 달하는 해외 수주 실적을 2020년까지 30조 엔까지 대폭 늘리겠다고 장담해 온 일본으로서는 아시아의 강적을 만나면서 기존 전략을 수정 보완해야 하는 처지에 내몰리게 되었다.

_8_
자카르타-수라비야 철도 쾌속화 사업

2016년 12월 22일 요미우리신문 국제면(6면)은 자카르타 지국의 보도를 인용하여, 인도네시아 루훗(Luhut Binsar Panjaitan) 해양조정부 장관이 그 전날 일본을 방문하여 국토교통상과 외상을 만나 일본의 철도사업 지원을 요청했다고 밝혔다. 그는 그 해 10월 초에도 일본을 방문하여 아베 수상과 이시이(石井啓一) 국토교통상을 만나 이 문제를 논의한 적이 있다. 그는 엔 차관과 일본의 기술을 이용하여 자카르타와 슬라바야를 잇는 800㎞에 달하는 자바섬 횡단 철도를 쾌속화 하려는 구상을 밝혔다. 전 구간을 전력 공급 방식으로 개조하고 차량을 모두 신형 쾌속철도로 바꾸겠다는 것이다. 여기에다가 철도노선을 일부 변경하여 커브를 완만하게 하거나 건널목을 없앰으로써 철도의 속도를 대폭 높여, 이제까지

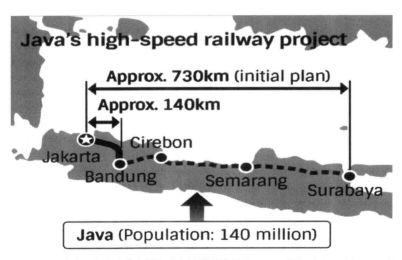

자카르타-수라바야 철도 쾌속화 구상(출처: juuny-policies.hatenablog.com)

10시간 이상 걸리던 구간을 5~6시간에 주파할 수 있도록 하겠다는 것이다. 철도 쾌속화 사업에 소요되는 비용은 약 102조 루피아(약 10조 원) 규모라고 하며, 만약 이 구상이 실현된다면 인도네시아에서 역사상 최대 규모의 철도 사업이 될 것으로 보인다.

철도 개량 사업을 위한 자금 조달을 위해 인도네시아 정부는 노선 개량 보수 작업 등 토목공사 부분에 엔 차관을 사용하며 차량 구입 등에는 민간자금을 충당할 계획인 것으로 알려지고 있다. 물론 중국도 이 사업에 높은 관심을 보이고 있다. 하지만 이미 중국이 수주한 인도네시아 고속철도계획에서 차질을 빚고 있어 중국에 대한 인도네시아 정부의 불신이 높은 편이다. 그것은 고속철도 건설을 위한 토지수용이 끝날 때까지 중국이 융자를 제공하지 않겠다는 자세를 굽히지 않고 있어 아직도 착공에 이르지 못하고 있기 때문이다. 아베 수상은 2017년 2월 인도네시아를 방문하여 인도네시아 대통령에게 철도 쾌속화 공사에 관한 일본측 의향을 밝힌 것으로 보도되고 있다.[7] 여기에는 중국도 참여할 뜻을 밝히고 있어 이르면 2017년 11월 말에 철도 쾌속화 공사의 주체가 밝혀질 것으로 보인다.

이 문제와 관련하여 최근 인도네시아 지진 피해에 대해 일본정부가 신속한 지원 움직임을 보이고 있는 것도 주목된다. 2016년 12월 7일 아침 7시 경 인도네시아 아체 지역 북부에서 매그니튜드 6.5의 강진이 발생하여 대규모 피해자를 냈다. 미국지질조사소(USGS)의 발표에 따르면 진원지는 아체주 북단에 위치한 반다아체(Banda Aceh)에서 동남쪽으로 약 90km 떨어진 지역으로 땅속 깊이 약 8.2km 지점이라고 한다. 진원지 근처에서는 주택이나 모스크 등 다수 건물이 붕괴하여 다수의 사망자가 나왔다. 12월 13일 현재 현지 당국이 발표한 피해 상황을 보면 사망자가 최

---

7) 産経ニュース. 2017年3月25日.

소 102명, 피난민이 85,133명 발생했다고 한다. 조코 대통령은 12월 9일 피해지역을 방문했으며 15일에도 방문 중이던 이란의 테헤란에서 곧 바로 아체로 들어가 피해자들을 위문했다.

한국정부는 12월 8일 외교부 대변인 성명을 통해 위문 의사를 밝히고 "인도네시아 정부와 국민들이 어려움을 극복할 것으로 믿으며 조속한 복구가 이루어질 수 있기를 기원한다"고 발표했다. 일본정부는 12월 7일 당시 기시다(岸田文雄) 외상이 인도네시아의 르트노 마르수디(Retno Marsudi) 외무장관에게 위로의 메시지를 보내고 긴급 지원 의사를 밝혔다. 또한 인도네시아 정부로부터 피난민을 위한 지원 요청을 받자마자 일본정부는 JICA를 통해 원조물자를 긴급하게 제공했다. JICA의 홈페이지에 따르면 일본정부는 12월 13일 싱가포르 JICA 창고에 있는 천막을 수송하기 시작하여 16일까지 천막 500개를 재난지역에 지원했다고 한다. 이때 일본 천막의 긴급 수송을 위하여 인도네시아의 국가방제청이 싱가포르에 임시 수송기를 보낸 것으로 알려지고 있다.

한편 2015년에 인도네시아 고속철도 공사를 수주한 중국은 공사 진행 과정에서 불협화음을 발생시키고 있다. 인도네시아 중앙 및 지방 정부와의 갈등으로 계약 자체가 무산되거나 건설 비용과 인력 채용, 환경 문제 등을 둘러싼 논란으로 공사가 중단되는 사례가 속출하고 있다. 2016년 초에 건설 착공식을 하고 본격적인 공사에 들어갔지만 현지의 복잡한 토지 수용 절차로 어려움을 겪고 있는 것으로 알려지고 있다. 고속철이 통과할 산악 지역에 추가로 터널 공사를 해야 할 필요성이 제기되면서 사업비가 애초 52억 달러에서 60억 달러로 늘어나게 됐다. 인도네시아 정부는 자국 국영기업이 갖고 있는 이 사업의 지분 60% 중 50%를 중국 측이 가져갈 것을 요구하고 있다.[8]

---

8) 한국경제. 2017년 10월 10일.

신칸센 철도의 인도 진출

2015년 12월 13일 일본 NHK TV는 12월 13일 아베 수상이 3일간 인도를 방문하여 큰 성과를 거두고 귀국했다는 뉴스를 내보냈다. 인도 방문의 성과 가운데 가장 먼저 거론된 것은 인도 서부 고속철도계획에 신칸센(新幹線) 기술을 도입하기로 한 것이다. 뒤늦게 국산화 기술의 개발에 뛰어든 한국의 KTX는 2015년 11월 안정성과 효율성을 세계적으로 인정받아 러시아 의회로부터 '황금마차상'을 수여받았고 국내적으로도 '2015년 대한민국디자인대상'에서 은탑산업훈장을 수상했다. 그리고 그해 9월 18일 '철도의 날' 기념식에서 유일호 당시 국토교통부 장관은 앞으로 한국의 KTX가 나아가야 할 방향 가운데 하나로 해외시장 진출을 위한 민관 협력을 들었다. 우리는 이번 일본의 인도 진출에서 한국 KTX의 해외 진출을 위한 교훈을 크게 느끼지 않을 수 없다.

NHK는 신칸센 진출 이외에도 아베의 인도방문 성과로서 일본의 원자력 관련 기술의 인도 수출을 가능하게 하는 원자력 협정을 체결했다는 점과 군사 장비에 관한 기술협력과 정보 보호 등을 담은 공동성명을 발표했다는 점을 들었다. 또한 아베가 모디(Narendra D. Modi) 총리와 함께 인도 북부의 힌두교 성지이자 모디 총리의 지역구인 바라나시(Varanasi)를 방문하여 갠지스 강에 꽃을 바치는 의식을 행했다고 전함으로써 인도 국민들로부터 환영을 받았다고 전했다. 또 다른 언론매체는 뉴델리에서 귀국길에 오른 아베 수상을 경호하기 위해 도로 경비에 나섰다가 민간 차량에 치어 숨진 인도 경찰의 유족에게 아베가 현지 대사관

직원을 통해 위로의 메시지를 전했다고 보도했다.

　여기서는 일본의 신칸센이 인도에 진출하게 된 것을 집중 소개하고자 한다. 이것은 결과적으로 3개월 전에 인도네시아 고속철 도입을 둘러싸고 중국에게 패배했던 것을 일본이 가까스로 만회한 일이다. 일본과 인도의 정상은 2015년 12월 12일에 회담을 개최한 후 공동성명을 통하여 인도 서부 뭄바이(Mumbai)와 아메다바드(Ahmedabad)를 연결하는 505km 구간에 시속 300㎞ 이상 속도로 달리는 일본의 신칸센 기술을 도입하기로 했다고 선언했다. 지난 2013년부터 양국 정부가 사업성 조사를 실시하여 그 결과를 2015년 7월에 발표한 바 있는데 이번 정상회담을 통하여 이를 최종 승인한 것이다. 이로써 도쿄(東京)와 오사카(大阪)에 약간 못 미치는 짧은 구간이기는 하지만 모디 총리가 내세우는 장기적인 인도 고속철도 구상(Golden Quadrilateral) 아래에서 처음으로 시행되는 고속철도 건설에 일본이 참가하게 되었다.

2015년 아베와 모디의 협정체결(출처: NHK NEWS, 2015.12.13)

　이때 양국은 2017년에 착공하여 2023년에 준공할 것을 목표로 하고 있고 2024년에는 고속철 운행을 개시하겠다고 한다. 현재 이들 도시 사이를 이동하려면 8시간 정도가 소요되지만 시속 320km 속도의 신칸센

이 달리게 되면 2시간 만에 주파할 수 있게 된다. 인도 정부는 이번 노선을 시작으로 하여 앞으로 7개 노선에서 고속철도 건설을 시작할 계획을 내보이고 있다. 인도의 첫 고속철도 건설에는 East Japan Railway Company, Kawasaki Heavy Industries, Hitachi 등의 일본 기업들이 컨소시엄을 구성하여 참여한다. 인도 정부는 이 구간 외에도 6개 노선에서 고속철도 건설을 계획하고 있어 일본정부는 이 성공이 인도 시장 진출을 위한 교두보를 마련했다고 평가했다.

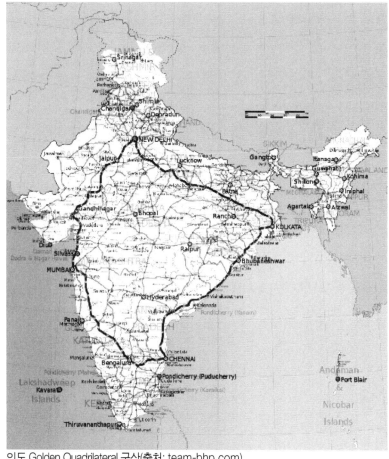

인도 Golden Quadrilateral 구상(출처: team-bhp.com)

이번 고속철도 건설을 위해 일본은 인도에 120억 달러 규모의 차관과 기술지원을 약속했다. 인도 정부의 견적에 따르면 고속철도 건설에 총 150억 달러 정도가 소요될 것으로 보고 있어 건설 자금 가운데 80%를 일본이 지원하는 셈이다. 양국 정상은 자금 지원의 조건에 대해서는 구체적으로 언급하지 않았다. 하지만 인도의 언론 매체는 일본의 차관이 대체로 0.5% 정도의 연 이율에다가 50년간 상환이라는 조건을 달고 있다고 전했다. 일본이 차관 조건으로 일반적으로 적용하고 있는 연 이율

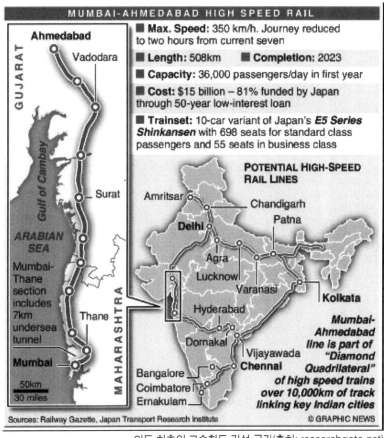

인도 최초의 고속철도 건설 구간(출처: researchgate.net)

1.5%와 25년간 상환 조건에 비하면 매우 양호한 것이다. 아베 수상은 같은 해 11월에 말레이시아에서 열린 국제회의에서 인도 총리에게 엔 차관 조건을 완화하겠다는 의사를 표명한 것으로 알려지고 있다. 이것은 차관 조건이 인도네시아 고속철도 진출 실패의 가장 큰 요인으로 작용한 것에 따른 것이다. 일본과의 정상회담에서 모디 총리는 "고속철도가 인도 철도를 혁명적으로 바꾸고 인도 경제 변화의 엔진이 될 것"이라고 말하면서 사실상 낮은 조건의 일본 차관에 대해 고마움을 표시했다.

2015년 12월 8일자 마이니치신문은 일본 국토교통성 관계자와의 인터뷰를 통해 이번 인도 진출을 계기로 하여 앞으로 미국, 태국, 말레이시아 등에서도 고속철도 건설 사업에 적극 진출할 뜻을 밝힌 것으로 보도했다. 세계의 고속철도 시장을 둘러싸고 중국이나 유럽과 경쟁해 갈 뜻을 밝힌 것이다. 실제로 최근 미국의 텍사스 주의 현지 기업이 신칸센 방식의 철도 운영을 지지했고 태국에서는 신칸센 방식 도입을 위한 고속철도 사업성 조사가 진행 중이다. 다만 미국의 캘리포니아 또는 말레이시아−싱가포르 사이 고속철도 계획에서는 인도와 같이 당사국 간의 대화가 아니라 중국이나 유럽 기업을 포함한 국제적 입찰 방식을 도입할 것으로 알려지고 있어 가격 경쟁력과 금융지원 조건 면에서 상대적인 열세를 면치 못하는 일본으로서 더욱 적극적인 대책을 강구할 가능성이 높다.

오늘날까지 일본 신칸센이 국내를 벗어나 해외에 실질적으로 진출한 곳은 2007년에 개업한 대만이 유일하다. 일본이 1964년부터 신칸센을 운영하면서 세계 고속철도의 선두주자가 된 것에 비하면 해외진출의 성과는 이처럼 미미한 수준에 불과하다. 그러나 최근 중국과의 경쟁을 통해 고속철도 건설에는 단지 고속철 차량의 수출 뿐 아니라 인프라 기술과 운행 시스템과 같은 복합적인 서비스 수출이 연동되어 있다는 것을 일본이 새삼 실감하게 된 것이다. 단기적인 수출 이익 뿐 아니라 국내 기업의 해외 활로 개척과 같은 장기적인 국가 이익으로 연결된다고 하는 것을 인식하게 된 것이다. 이러한 관점에서 일본은 인도의 고속철도 건설을 진행하는 과정에서 안전성과 품질 유지를 내세워 고속철 차량이나 신호, 자동제어장치 등을 모두 일본의 기술과 장비로 하자고 주장해 갈 것이 분명하다.

2017년 인도고속철도 착공식(출처: 연합뉴스)

2017년 9월 14일에 인도 최초의 고속철도 공사가 시작되었다. 이날 연합뉴스는 모디 총리와 아베 수상이 아마다바드에서 열린 고속철도 착공식 참석 상황을 보도했다. 이 공사는 2022년이나 2023년에 완공될 예정이다. 인도는 장기적으로 수도 뉴델리와 서부 뭄바이, 남부 첸나이, 동부 콜카타 지역을 고속철도로 연결하는 「황금 4각」(Golden Quadrilateral) 구상을 국가비전으로 내세우고 있다. 고속철도 착공식에서 아베 수상은 "다음에 이곳에 다시 올 때는 모디 총리와 함께 고속철을 타고 창밖으로 인도의 아름다움을 즐기고 싶다"고 했다. 여기에 모디 총리는 일본의 대규모 자금 지원을 강조하고 "일본은 인도의 진정한 친구임을 증명했다. 고속철도 사업의 공은 아베 수상에게 돌아가야 한다"고 말했다.

인도의 교량 건설 사업

 2017년 9월 20일 한국의 언론들은 뭄바이 해상교량(Mumbai Trans Harbor Link) 건설에서 대우건설이 제2공구의 우선 협상 대상자로 선정되었다고 보도했다. 이것은 대우건설이 인도 타타그룹과 컨소시엄을 이룬 것이 주효했다. 뭄바이 해상교량 프로젝트는 인도 본토 나바 셰바(Nhava Sheva) 지역과 뭄바이섬 남부 세리(Sewri) 지역을 잇는 22㎞짜리 해상 교량을 건설하는 사업이다. 이 다리가 완성되면 인도에서 가장 긴 다리가 된다. 그리고 뭄바이 제2의 Navi Mumbai 국제공항과도 곧바로 연결될 것이다. 총 공사비는 1780억 루피(27억6000만 달러)로 예상된다. 공사 구간은 3개로 나뉘는데 중심되는 공사는 바다를 가로지르는 총 18.2㎞의 제1, 제2공구 구간에서 이루어진다. 전체 공사비의 85%가 이 구간에 투입되며 나머지 3공구는 육상 연결 구간으로 난이도가 낮고 공사비도 적다. 이번에 대우건설이 공사를 담당하게 된 곳은 바로 핵심 구간이라고 할 수 있는 제2공구 구간이다. 대우건설과 인도타타의 컨소시엄은 제2공구 입찰에 516억 2000만 루피를 적어낸 것으로 알려지고 있다. 발주처 예상 금액인 490억 루피보다 15% 높으면서도 전체 입찰업체 중 가장 경쟁력 있는 가격이었다고 한다. 고도의 전략적인 입찰 결과였다는 것이다.

 뭄바이 해상교량 프로젝트에서 제1공구를 둘러싼 입찰에서는 일본 IHI인프라와 인도 L&T건설의 컨소시엄이 우선 협상 대상자로 선정되었다. 한국에서 제2공구 건설 수주 소식이 요란했던 것과는 달리 일본에서

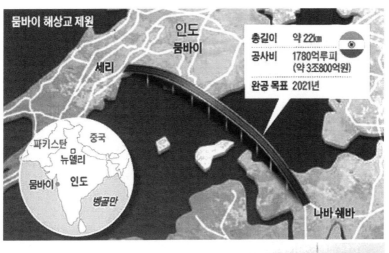

총길이	약 22㎞
공사비	1780억루피 (약 3조800억원)
완공 목표	2021년

뭄바이 해상교량 프로젝트(출처: blogfiles2.naver.net)

는 제1공구 건설 수주를 둘러싸고 별다른 뉴스가 나오지 않았다. 일본이 세계적으로 내세우는 고속철도 건설 기술에 비해서 교량 건설 기술에 대한 일반인의 관심도가 낮았기 때문이다. 그리고 일본 IHI인프라가 제1공구와 제2공구 모두를 수주하려고 주력했던 만큼. 이번 입찰 결과 소식은 그다지 뉴스로 띄울 만한 것이 아니었기 때문으로 보인다. 결과적으로 일본 IHI인프라 건설 회사의 홈페이지에도 아무런 반응이 나타나지 않았다. 오히려 일본 IHI인프라 건설은 2015년에 이미 체결된 델리와 뭄바이 사이의 화물 전용 철도를 위한 교량 건설공사 계약에 관한 보도를 계속 내보냈다. 이때 「JICA에 의한 엔 차관 사업으로 최대 규모 안건」이라는 부제를 달았다.

　일본이 현재 시공 중인 인도의 「철도교량 건설공사」는 일본 IHI인프라와 인도 L&T건설이 콘소시엄을 구성하여 인도 철도성 산하의 화물전용철도공사(Dedicated Freight Corridor, DFC)로부터 2015년 8월 최종 승인을 받았다. 이 공사는 인도 수도인 델리와 뭄바이를 잇는 1,500km 거리의 고속화물 전용철도선 가운데 서부 구간을 새로 건설하는 것이다. 서부 구간의 거리는 총 555km에 달하는데 이 프로젝트 안에는 60m에서 1,400m에 이르는 총 12개의 교량을 건설하는 계획이 들어있다. 이 공사는 2015년 9월 말에 착공하여 2019년 9월 말에 완공할 예정이다. 일본정부는 이 공사를 위해 4,500억 엔이 넘는 엔 차관을 제공하기로 했다. 일본측 기술을 활용하겠다는 차관 제공 조건에 따라 일본의 대형종합상사 Sojitz(双日)가 인도의 L&T그룹과 합작하는 형태로 2016년 10월 DFC로부터 철도 궤도·전기·신호·통신 공사를 640억 엔에 수주했다.[9]

　뭄바이 해상교량 건설 프로젝트 가운데 나머지 3공구는 인도 L&T건설이 단독 우선 협상 대상자로 뽑혔다. 애초에는 JICA의 저리 차관 제공에 힘입어 일본의 건설업체들이 모두 수주할 것이라는 전망이 우세했다. 그러나 건설업계에서는 대우건설의 풍부한 교량 건설 경험과 노하우, 해외건설 현장에서의 평판, 가격경쟁력 등이 높은 평가를 받은 것으로 보고 있다. 무엇보다도 인도 내 최대 기업이자 막강한 자금력을 가진 타타그룹과 컨소시엄을 구성한 것은 중요한 전략이었다. 인도정부는 2017년

---

9) 双日株式会社. 「双日, デリー~ムンバイ間貨物専用鉄道の軌道·電化·信号·通信工事を受注: 累計3,500億円超, 円借款案件として過去最大規模」. 2016年10月17日.

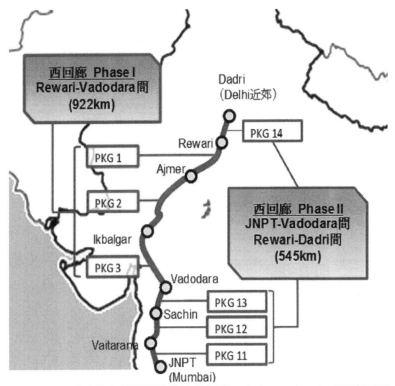

델리-뭄바이 철도교량 건설계획(출처: cafe.daum.net/smrtcs/4B3S/1434)

안에 해상교량 건설공사를 시작하여 2022년까지 마무리한다는 계획을 보이고 있다. 한국의 건설업계 관계자들은 대우건설의 이번 수주로 인도의 대형 인프라 사업에서 앞으로 한국 건설사의 점유율이 커질 것으로 기대하고 있다.

지리적으로 해양을 끼고 있는 뭄바이 시는 그 중심부에 각종 금융 기관을 유치하고 있다. 거주 인구가 2천 만에 달하는 대도시 뭄바이는 1963년 12월에 처음으로 'Uran Bridge 계획'이라는 이름으로 공식화하기 시작했으며, 만성적인 교통 체증을 해소하기 위한 방안으로 도심지와 해양 넘어 교외를 상호 연결하여 차량 이동 시간을 단축시키고자 하는 구상을 자주 내놓았다. 이제까지 여러 가지 이유로 이 구상들이 실현되지 않았고 여러 차례에 걸쳐 그 내용도 변경되다가 2017년에 들어서 교량을 건설하기로 가닥을 잡은 것이다. 이 해상교량 사업의 발주처는 뭄바이대도시개발청(MMRDA)이다. 총 예상 공사비가 1,780억 루피(약 3조 원)에 달하는 초대형 건설 사업이다. 이 사업의 입찰에서는 일본의 IHI(Ishikawajima-Harima Heavy Industries), 중국의 China Railway Major Bridge Engineering Group, 미국과 태국의 회사 등, 국제적인 대규모 건설회사 17개 회사들이 서로 각축전을 벌였다. 인도의 모디 총리는 2016년 12월 24일 뭄바이에서 거행된 인프라 프로젝트 정초식 행사에 출석하여 MTHL 사업을 포함하여 총 1조 600억 루피 (약 28조 원)에 달하는 대규모 인프라 건설 사업을 시작하기로 공식적으로 선언했다.[10]

이제까지 일본은 인도네시아에 가장 많은 총 5조 엔에 달하는 국가 차관을 제공해 왔으나 2015년 12월 뭄바이 고속철도 계획에 대한 차관 계약이 체결됨으로써 인도가 가장 많은 엔 차관 수여국으로 바뀌었다. 뭄바이 해상교량 공사까지 진행되면서 일본은 인도에 대해 누계 총 5조 엔이 넘는 차관을 제공하게 될 것이 분명해 보이기 때문이다. 일본정부 내에서 해외차관 업무를 담당하고 있는 JICA는 2017년 2월 인도에 대해 교량 건설비용의 80%에 해당하는 차관을 연 이율 1.2%로 제공하겠다는 계약을 MMRDA와 체결했다고 발표했다. MMRDA는 엔 차관과 중앙정부의 보조금을 받아 이 교량의 건설을 위한 비용에 충당할 예정이다. 이러한 초대형 차관 제공 상황에 따라, JICA는 1000만 엔짜리 「인도 뭄바이 항구 횡단 도로 건설사업 준비조사업무 실시계획」을 일본 국내에 공시하여 2017년 4월 초 IHI 건설을 조사사업 주체로 선정한 일이 있다.

---

10) 조선일보. 2017년 4월 6일.

_9_
터키의 교량 건설 사업

한국의 언론은 2017년 1월 말 일제히 한국의 대림산업과 SK건설이 일본 컨소시엄을 누르고 차나칼레 교량 건설의 우선 협상 대상자로 선정되었다고 보도했다. 한국의 건설사가 터키 리마크·야프메르케지와 컨소시엄을 구성하여 4조원짜리 공사를 따낸 것이다. 이 프로젝트는 유럽과 아시아 대륙을 잇는 3.7km 길이의 현수교와 진입도로를 건설하는 사업이다. 프로젝트는 민간투자방식(BOT) 인프라 사업이며 프로젝트 시공회사가 완공 이후에는 16년 2개월간 최소 운영수익을 보장받으며 교량 운영까지 맡게 되었다. 따라서 이 프로젝트를 담당하는 해당 기업에게는 단순 도급 사업에 비하여 훨씬 높은 수익이 돌아갈 것으로 것으로 보인다. 선정에 앞서 터키 정부는 이번 프로젝트에서 현수교의 시공에 참여한 건설사업 회사에게 교량 통행을 직접 운영하게 하고 자동차 통행료

1915 차나칼레 프로젝트(출처: canakkaledemokrat.com)

차나칼레 교량 조감도(출처: 대림산업)

등을 통하여 점차 투자를 회수하겠다는 방침을 밝힌 일이 있다.

교량 건설에 소요되는 3조 5000억 원 정도의 비용은 곧 바로 터키 정부가 제공하는 것이 아니다. 완공 후 일정 기간 도로와 교량의 운영권을 시공사에게 부여하고 통행료 수익으로 건설비를 회수하는 방식을 취하고 있다. 이에 따라 입찰 과정에서 참여 회사들은 제안서에 공사 금액보다는 교량 통행 관리 운영 기간을 제시했다. 이 과정에서 한국 기업을 중심으로 하는 컨소시엄은 '16년 2개월'이라는 짧은 기간을 제안하여 '17년 10개월'을 제안한 일본을 따돌린 것으로 알려지고 있다. 한국 기업 측이 저가에 입찰한 것이 아니냐에 관한 논란도 그다지 발생하지 않았다. 터키 정부가 하루에 통행 자동차 4만 5000대 분의 통행료를 보전하는데다가 교량 공사비도 한국(26억 8000만 달러)과 일본(27억 2000만 달러)과는 별 차이가 나지 않았기 때문이다.

터키 정부는 건국 100주년을 맞아 2023년에 차나칼레 교량을 개통하고 건국을 기념하는 차원에서 주탑 사이의 거리를 2023m로 하기로 했다. 이 다리가 완공되면 일본 고베의 아카시대교(1991m)를 제치고 세계에서 가장 긴 현수교가 될 것이다. 이번 수주전은 마치 한국과 일본의 국가적 대결과 같은 양상으로 전개되었다. 대림산업과 SK건설이 주도하는 컨소시엄과 일본은 이토추(伊藤忠) 종합상사와 IHI 건설사 주축의 컨소시엄이 격돌하는 모양새를 갖추었다. 일본은 아베 수상이 수주를 총지휘하고, 입찰 마감 약 1주 전 이시이 게이이치(石井啓一) 국토교통상을 터키로 보내 수주 지원활동을 벌였다. 이때 한국에서는 국토교통부가 입찰 예비타당성 조사를 위한 예산 4억원 가량을 지원하고, 2016년 말에 건설정책국장이 직접 터키를 방문하여 정부 차원의 지원 의지를 설명했다.

터키에 거주하는 일본인들에게 인터넷 정보를 발신하는 TRT는 2017년 3월 18일에 이날 차나칼레 교량 건설 착공식을 열렸다고 전했다. 랍세키(Lapseki) 지방의 쉐케르가야(Sekerkaya)에서 열린 착공식에는 터키 대통령이 비디오로 인사말을 전했다. 이날은 차나칼레 운동장에서 순직자 추도회와 전승기념일 행사가 있었기 때문이다. 대신 터키의 율드름(Yildirim) 수상과 한국의 강호인 국토교통부 장관 등이 참석하여 착공을 알리는 단추를 눌렀다. 아울러 이들은 교량의 건설을 기념하는 동전과 메모를 용기에 넣어 건설 개시 지점에 놓았다. 이 행사에는 수 천 명에 달하는 터키 국민들이 참여하여 현장을 지켜보았다. 왕복 6차선으로 세워질 차나칼레 교량은 말마라(Marmara) 지역에서는 5번째 건설되지만 차나칼레 해협에서는 처음 세워지게 된다.

여기서는 수주전 초반에 일본정부와 기업이 어떠한 노력을 기울였는지 간략하게 살펴보고자 한다. 2017년 1월 23일자 조선일보는 1면과 2면에 4조원 규모의 터키 대교 공사의 수주를 둘러싼 한국과 일본의 경쟁을 「전쟁」이라고 표현하며 대대적으로 보도했다. 이에 반하여 일본은 전체적으로 수주 결과를 지켜보았다. 이번 터키 대교 공사 수주를 둘러싸고 일본 정치가의 터키 행보가 매우 분주하게 움직인 반면, 이상하리만

차나칼레 교량 건설 착공식(출처: 대림산업)

큼 일본 언론은 숨죽이고 결과를 지켜본 것으로 보인다. 지난 2015년 인도네시아 고속 철도 사업 진출을 앞두고 일본의 언론이 지나치게 요란하게 떠들던 것과 극히 대조를 이룬 것이다. 필자가 조사한 바에 따르면, 다다넬스 해협을 가로지르게 될 세계 최장의 현수교 「1915 차나칼레 프로젝트」에 관하여 일본경제신문이 2015년 7월 24일에 IHI와 이토츄 상사가 참여하고 있다고 짧게 보도했고 그 이후로는 선정 결과에 이르기까지 이 프로젝트에 관한 언론 보도가 나오지 않았다.

터키 정부는 서부 차나칼레에서 다다넬스 해협을 동서로 연결하는 현수교 공사 사업을 위하여 입찰과 선정을 서두르겠다고 했다. 교량 건설을 위한 토목 기술에서는 한국과 일본이 쌍벽을 이루고 있다. 이번 수주에 참여한 한국의 현대건설과 SK건설은 과거에도 터키에서 컨소시엄에 참여한 바 있고 제3 보스포러스 대교를 수주 받아 2016년 8월에 완공시킨 일이 있다. 이에 반하여 일본의 IHI와 이토츄 상사는 터키에서 오스만 가지교 등 대형 사업을 수주 받아 시공한 일이 있다. 그런데 IHI는 이스탄불 근교에서 세계에서 네 번째로 긴 현수교를 건설하는 과정에서

2015년 3월 케이블 가설용 강판이 떨어져 공사 일정을 5개월 정도 지연 시킨 오점을 안고 있다. 이때 IHI는 공사기간을 단축시키기 위해서 용접 관련 작업 인력을 원래 계획의 4배에 달하는 800명까지 대거 고용한 일이 있다.

2015년 아베의 터키 방문(출처: 外務省)

한국은 기업 중심의 시공 능력이 뛰어난 것에 비추어, 일본은 정부와 기업 간 협력을 통한 자금 조달 능력이 우수하다고 일컬어지고 있다. 일찍이 1985년부터 3년간에 걸쳐 건설된 제2 보스포러스 대교 공사에서 일본에 의한 엔 차관이 사용된 일이 있다. 1999년에는 국내 대지진을 경험한 터키가 이스탄불 시내 교량의 내진 공사를 위해서 다시 엔 차관을 요청했다. 이와 함께 근래에 들어 일본에서 총리를 비롯한 정치가들이 해외 건설 수주에 열을 올리고 한국을 벤치마킹 하여 일본이 2013년 터키 원전 공사 수주에 성공한 것은 널리 알려진 사실이다. 반드시 「1915 차나칼레 프로젝트」만을 위한 것은 아니었다고 해도 아베 수상이 2013년과 2015년에 터키를 방문했고 2016년 9월의 뉴욕 유엔 총회에 참석해서도 에르도안(Recep Tayyip Erdogan) 대통령과 정상회담을 가진 것은 일본 기업의 수주 활동을 외교적으로 지원하는 움직임이었다고 볼 수 있다.[11]

---

11) http://www.mofa.go.jp/mofaj/me_a/me1/tr/page3_001477.html

5장
일본기업의 아시아 진출 사례

Contents ────────────────────────────────

_1_
일본 컨설팅 회사 IC NET

　일본의 컨설팅 회사 IC NET은 1993년 10월 설립한 이래 JICA나 일본 외무성, 세계은행(IBRD) 등으로부터 국제협력사업을 수주하여 실행해 왔다. 오늘날에도 교육 · 농업 · 보건 · 거버넌스 · 평가 · 수산 · 산업개발 · 관광 · 환경 · 부흥지원 등 소프트 분야에서 개발 컨설팅 사업을 전개하고 있다. 2017년 11월 현재 이 회사의 홈페이지에 따르면 2013년 기준으로 매년 26억 엔 정도를 매상으로 올리고 있고, 2014년 7월 기준으로 총 139명의 직원을 거느리고 있다고 한다. 직원 가운데 약 100명이 컨설팅 전문가이며 대부분의 직원들은 외국어 2개 혹은 3개를 능숙하게 구사하고 있다. 이 회사는 오늘날 주로 일본 국내에서 글로벌 창업을 꿈꾸는 인력을 양성하고 있으며 이제까지 중남미, 동남아시아, 아프리카 등 100개에 달하는 국가와 지역에서 사업을 전개해 오고 있다.[1]

　현재 IC Net의 본사는 사이타마시(埼玉市)에 소재하고 있으며 워싱턴 DC, 방콕, 그리고 방글라데시(다카)에 각각 지소를 두고 있다. 현재 대표를 맡고 있는 다다 모리히로(多田盛弘)는 국제협력사업의 컨설팅 전문가로서 다년간 일본의 대학과 기업에서 관련 활동을 전개해 왔다. 근래에도 일본의 사회변혁을 응원하는 소셜 미디어 기업, 올터나(ALTERNA) 회사와 손을 잡고 국제협력 마인드를 통한 사회변혁을 강조해 오고 있다. 그는 이 회사가 운영하는 웹진(ALTERNAs)을 통하여 국제적 현장경험을 소개하면서 국제적 봉사와 협력 아이디어를 풍부하게 전달하면

---

1) http://www.icnet.co.jp/consulting/index.php

서 일본의 젊은이들에게 널리 알려졌다. 그는 글로벌 전개의 경우 일확천금을 노리고 대규모 시장을 겨냥하는 움직임을 주장하기 보다는, 지방에 들어가 봉사하는 자세로 국제적 협력을 통해 보람과 행복을 추구하는 삶을 강조하고 있다.

IC Net 대표와 로고(출처: IC Net Limited)

IC Net가 주로 추진하고 있는 사업은 해외사업 종합 컨설팅 사업과 글로벌 인재 육성 사업이다. 이 회사는 창립 이래 다방면에 걸쳐 헤아릴 수 없이 수많은 관련 사업을 전개해 왔다. 이러한 실적이 일본정부로부터 인정을 받아 공적 자금 지원을 통한 ODA 컨설팅 사업과 글로벌 비즈니스 지원 사업에 관여해 오고 있다. 2015년 6월 시점에 이 회사가 수주하여 실행한 ODA 컨설팅 사업이 12개 국가에서 다음과 같이 이루어졌다고 한다. (1) 미얀마의 초등학교 교원 연수, (2) 방글라데시의 지방공무원 교육, (3) 라오스의 농업현황 조사, (4) 스리랑카의 지역개발 기획, (5) 방글라데시의 공공투자 관리능력 조사, 지방행정강화 컨설팅, 중앙공무원 연수, (6) 필리핀의 출산의료서비스 지원과 민다나오 야채유통 정비, (7) 캄보디아 지방행정 컨설팅, (8) 가나의 기초보건서비스 지원, (9) 에티오피아의 자연자원관리 컨설팅, (10) 마다가스카르의 산림보호 컨설팅, (11) 파푸아뉴기니의 TV원격교육 컨설팅, (12) 도미니카의 지역관광개발 컨설팅 등이 그것이다.

여기에다가 IC Net는 다음과 같이 ODA지원을 받아 6개 국가에서 글로벌 비즈니스 지원 사업을 실시했다고 한다. (1) 태국에서 재생에너지 시장 가능성을 조사하고, Heat Pump 회사에 대한 태국 진출 가능성을 조사했다. (2) 카자흐스탄에서 일본기업 기술을 활용한 산업자동화 가능성을 조사했다. (3) 호주에서 비료원료의 사업성을 조사했다. (4) 베트남에서 의약품 시장참여 가능성을 조사했다. (5) 칠레에서 비료원료의 안정적 공급에 관하여 조사했다. 6) 모잠비크에서 농업시장 환경을 조사했다. 그 외에도 이 회사는 일본의 농림수상청과 국제노동기구(ILO)로부터 지원을 받아 컨설팅 사업을 실시한 일이 있다.

이 회사는 2015년도에 들어 일본 경제산업성이 보조하는 일본기업 신흥시장 전개 보조금을 관리하는 사무국으로 선정되었다. 2015년도 보조금 신청 기한이 그 해 6월 30일로 되어 있었기 때문에 당시 이 회사의 홈페이지에는 〈뛰어나가라 JAPAN !〉이라는 블로그를 통해 1개 회사에 최대 4,500만 엔까지 지원이 가능하다고 홍보하며 지원 신청을 받았다. 이 회사가 2013년에 모집하고 실시한 「40억 명을 위한 비즈니스 아이디어 컨테스트」를 경제산업성이 인정하고 일본기업의 해외사업 전개를 촉진하기 위하여 공공사업으로 확대한 것이다. 〈뛰어나가라 JAPAN !〉 보조금 프로그램은 앞으로 지속적으로 일본기업이 개도국에서 사업을 전개할 수 있도록 지원하는 공적인 pumping water였던 것이다.

〈뛰어나가라 JAPAN!〉 보조금 프로그램에 대한 설명회는 이 회사가 2015년 6월 에 도쿄와 오사카에서 각각 2회 씩 실시한 바 있다. 설명회 자료에 따르면, 보조금 수혜 대상이 일본기업이 행하는 해외에서의 상품과 서비스 개발이라고 하며, 보조금 신청에 있어서 신흥시장 전개를 통해 수익을 창출할 수 있는가 하는 비즈니스 플랜이 가장 중요하다고 강

2017년 〈튀어나가라 JAPAN !〉 보조금 프로그램 포스터
(출처: icnet.co.jp)

조했다. 이를 위해서는 개도국 쪽의 사업 파트너가 필수적인데, 일본기업이 절반 이상을 투자하거나 실질적으로 지배하고 있는 현지법인은 제외한다고 했다. 평소 개도국과의 비즈니스 네트워크를 유지하고 있는 것에 무게를 두겠다는 방침이었다. 이때 일본정부의 지원을 받아 1000만 엔에서 4500만 엔까지 보조금을 지급한다고 했으며, 지급 기간은 2015년 8월부터 2016년 1월까지로 했다. 대기업 1~2개와 중소기업은 2~3개를 각각 선정한다고 했으나 선정결과는 해당 기업에만 개별적으로 알리고 사적 정보 보호를 이유로 하여 일반에게는 알리고 있지 않다. 그 후로도 이 회사는 매년 경제산업성이 지원하는 〈튀어나가라 JAPAN !〉 보조금 프로그램을 운영하고 있다.

_2_
베트남의 일본 렌탈 공장

　베트남은 오늘날 연간 6% 내외의 실질 GDP 성장률을 보이고 있는 반면에 한국 등 주변국과 비교하더라도 국민 사이의 소득격차는 그다지 심하지 않은 것으로 나타나고 있다. 일본의 한 비즈니스 사이트 통계에 따르면 장기 불황으로 2015년 일본 국내의 평균 연간수입이 409만 엔(円)으로 떨어졌는데, 그럼에도 불구하고 베트남의 평간 연간 수입은 30만 엔에 불과하다고 한다. 여기에다가 베트남의 물가는 일본에 비해 매우 낮은 편이다. 예를 들어 베트남에서 잘 팔리고 있는 Pho 티셔츠의 경우, 만약 일본에서 베트남 상품을 구입한다면 1000엔에서 1500엔을 지불해야 하는데 호치민에서는 300엔에서 500엔이면 구입할 수 있다. 반면에 베트남에서 판매되는 수입품 가격은 매우 비싼 편이다. 일본의 경우 엔 시세가 높고 관세율이 낮기 때문에 수입품을 비교적 저렴한 가격에 판매하고 있는데 비해 베트남의 경우에는 수입품이 매우 비싸다. 수입가전제품이나 수입가공식품은 일본 이상으로 비싸며 높은 관세가 붙는 수입자동차의 가격은 일본의 몇 배에 이르기도 한다. 이러한 경제상황의 차이로 인하여 일본기업 특히 제조업 기업은 소수 인력의 베트남 파견과 현지 인력의 채용을 조건으로 하여 베트남에 대한 진출을 꾀하고 있는 실정이다. 무엇보다 이러한 기업의 수요에 대해 일본정부와 지자체는 적극적인 지원책을 제시하며 일본기업의 해외진출을 통한 기업 육성을 돕고 있다.

　와세다대학 WBS연구센터가 발행하는『와세다국제경영연구』제44호

(2013년)에는 니시야마 시게루(西山茂) 연구자가 정리한 논문「일본기업의 베트남 진출에 있어서 일본계 공업단지의 의의」가 실려 있다. 1987년 베트남이 외국투자법을 제정하고 외국계 기업을 끌어들여 자국의 공업화를 촉진할 목적으로 공단 건설을 시작했고 여기에 일본 기업이 진출하기 시작했다고 한다. 일본기업에게 있어서 베트남 공단의 장점으로 첫째, 토지 소유권을 전적으로 인정받지 못하는 상황에서 단지에서 토지를 빌리는 형식을 취하기 때문에 굳이 독자적으로 위험을 무릅쓰고 토지를 확보할 필요가 없다는 점을 들었다. 그리고 둘째는 인프라 설비를 따로 추진할 필요가 없다는 점, 셋째는 투자신청 등의 행정업무를 관리회사나 관리 지자체에 맡길 수 있다는 점, 넷째는 세금 제도 등에서 우대조치를 받을 수 있다는 점을 꼽았다. 니시야마는 1994년 시작된 노무라(野村) 증권 그룹의 Nomura Haiphon Industrial Zone, 1997년 시작된 스미토모(住友) 그룹의 Thang Long Industrial Zone, 1996년 시작된 소지쓰(双日)그룹의 Long Binh Techno Park을 사례로 하여 일본의 대기업 공단을 조사했다.

2016년 현재 베트남에는 남부 호치민시 주변과 북부 하노이시 주변에 공업단지가 밀집되어 있으며 전국에 걸쳐 약 280개 정도의 공단이 분포되어 있는 것으로 알려졌다. 그 가운데에도 메콩 델타를 비롯한 남부 지역에 많았다. 이에 따라 일본국내에는 일본기업에 대해 베트남 진출을 컨설팅 하는 회사가 속출했고 그 가운데 Forval Vietnam의 활동은 괄목할 만한 것이었다. 이 회사는 2015년 베트남 국영회사, 틴기아(Tin Nghia)와 제휴하여 일본계중소기업개발회사(Japanese SMEs Development)를 설립하고 공단의 건설과 운영을 시작했다. 이 시기 베트남 개발회사에는 JICA가 해외투자융자사업의 일환으로 약 30억 엔을 융자하고 있었고 일본 지자체 사이타마현(埼玉縣)도 약 1000만 엔을 출자

했다. 사이타마현은 일본의 지자체 가운데 처음으로 해외 렌탈공단 개발에 대한 출자를 단행한 것으로 유명하다. 동나이 렌탈공단은 총 약 18ha 상당의 면적으로 이루어져 있으며 현지 체류 일본인 1명을 고용하고 있어 그에게 사업자 등록과 같은 행정 업무를 지원하게 하고 있는 것으로 알려지고 있다.[2]

Forval Vietnam은 2014년 말 현재 호치민 본사에 일본인 3명과 현지인 10명을 거느리고 있고, 하노이 지점에 일본인 1명과 현지인 7명을 거느리고 있다. 이 회사는 1980년에 비즈니스 폰 서비스 판매 회사인 신일본공판(新日本工販)으로 설립되었다가 1991년 Forval로 개명했다. 현재 도쿄 시부야(渋谷)에 총 본부를 두고 있으며 브로드밴드 관련 서비스업을 주된 사업으로 하고 있고 2005년에는 한국 배우 원빈이 이 회사의 CM에 출연한 적도 있다. 이 회사는 2012년 5월 베트남 정부의 계획투자성 산하기관과 「일본계 중소기업 적극 유치를 위한 상호협력」을 복표로 하는 MOU를 체결한 이후 베트남 진출 컨설팅 업무를 맡기 시작했다. 이 회사의 홈페이지에는 베트남의 GDP 성장 가능성이 높고, 특히 인구 약 9000만 명 가운데 30살 이하의 인구가 60% 이상을 차지하고 있어, 노동

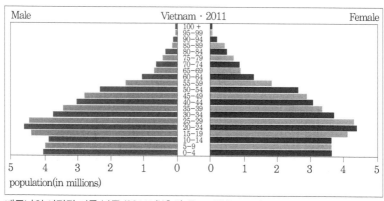

베트남의 안정된 인구 분포 (2011년)(출처: Forval Vietnam)

2) http://www.sme-global.net/index.php/welcome/detail/5

력의 공급이 용이하다고 강조되어 있다.[3]

Forval의 오쿠보 히데오(大久保秀夫) 회장은 일본기업의 베트남 진출을 위한 컨설팅에 남달리 적극적이며 특히 일본의 중소기업이 쉽게 베트남에 진출할 수 있도록 하는 렌탈공단 건설과 분양에 적극적으로 관여해 오고 있다. 그는 오늘날까지 일본 지자체나 지방은행과 제휴하여 베트남 남부 동나이(Dong Nai)에 일본의 중소기업을 위한 렌탈공단을 3동 건설했으며 2018년 말까지 총 7동을 추가로 건설하겠다고 공언했다. 여기에 입주하기로 한 일본기업이 2016년 7월에 22개 회사에 이르고 있고 앞으로 추가 공단이 건립되면 100개 회사를 유치하겠다고 했다. 오쿠보는 오늘날에도 자신이 직접 나서서 외부강연을 하며 회사와 사업을 적극 홍보하고 있다. 2016년 7월 한 달 동안 그는 7일 센다이(仙台)를 비롯하여, 21일 후쿠오카(福岡), 22일 도쿄, 26일 오사카, 27일 나고야에서 각각 특별강연을 실시했다. 또한 22일에는 이와테현(岩手縣)에서 Forval 주최로 ASEAN Vietnam Business 세미나를 개최했다. 뿐만 아니라 Forval은 2016년 7월 5일 사이타마 현내 중소기업을 대상으로 하여 베트남 진출에 관한 설명회를 개최했다. 이 행사는 사이타마현 현청을 비롯하여, 사이타마현 산업진흥공사, 사이타마 리소나은행 등의 후원으로 열렸다. 이때 JICA를 비롯하여, JETRO(일본무역진흥지구), NEXI(일본무역보험) 등이 함께 설명회에 참여했다.[4]

렌탈공장은 설립에서 조업개시까지 걸리는 준비기간이 짧고 초기 투자액이 크지 않기 때문에 자금이 부족한 일본 중소기업에게 매우 유리하다. 또한 기본 인프라가 완비되어 있고 신규 입주 기업에 대한 법률과 행정 서비스를 일본어로 지원하고 있는 것도 일본의 중소기업에게 좋은 조

---

3) https://www.forval.co.jp/
4) http://www.nippon-shacho.com/interview/in_forval/

건이 되고 있다. 지난 2013년 10월 메콩 델타 지대에 위치한 롱안(Long An)에 베트남 지방정부가 일본기업 유치를 위해 렌탈공단을 세운 뒤부터 일본에서는 중소기업의 베트남 진출 거점으로 렌탈공단 건설을 추진해 오고 있다. 롱안의 경우 롱하우(Long Hau) 공업단지 안에 렌탈공단을 건설했는데 이때 롱하우 공단이 500억 동(약 2억 3400만 엔)을 투자했다. 이곳은 호치민시 중심부에서 약 19㎞ 지점에 위치하고 있으며, 푸미흥(Phu My Hung) 신도시에서는 약 12㎞, 사이공 신항에서는 약 3㎞ 밖에 떨어지지 않은 아주 좋은 지리적 조건을 갖추고 있다. 여기에는 500㎡에서 2000㎡에 이르는 소규모 렌탈공단이 건설되어 2016년 롱하우에 진출한 일본기업 40개 회사 중에서 29개 회사가 이곳을 이용했다. 오늘날 롱하우의 렌탈공단에 들어가려면 대체로 최저 3년 이상 계약기간을 설정하고 공장 1㎡당 400엔, 사무실 500엔 정도의 임대료를 지불해야 한다. 여기에다가 약간의 폐수처리 비용과 수도료, 전기료를 부담해야 한다.[5]

오늘날 사이타마현이 홍보하고 있는 렌탈공단 개발사업은 호치민시

롱하우의 일본 렌탈공단(출처: longhau.com.vn)

---

5) http://www.longhau.com.vn/ja-jp/default.aspx

동부에 인접한 동나이에 일본과 베트남 양국의 기업과 사이타마현 출자에 의한 합병회사가 일본계 중소기업을 위하여 렌탈공단을 개발하고 운영하는 사업이다. 사업의 목적은 첫째, 베트남에서 파급효과가 큰 기반산업을 육성하겠다는 것이다. 기술력 있는 일본의 중소기업을 이 렌탈공단에 유치하여 베트남 국내기업과 거래를 촉진함으로써 기술과 경영 노하우를 베트남에 이전하고 베트남 기반산업의 진흥에 기여하겠다는 것이다. 둘째는 일본계 중소기업이 진출하기 쉽도록 공간을 대여하고 원스톱 서비스를 제공함으로써 이들 기업의 해외전개를 촉진하도록 한다는 것이다. 개발사업을 담당하는 렌탈공단 운영회사(JS Company)의 재정을 위해서 사이타마현, Forval, 베트남기업 등이 여기에 투자하고, 이를 위해서 일본지방은행과 JICA가 융자를 실시하고 있다.[6]

JICA는 베트남에 대한 일본기업의 진출에 적극적인 자세를 취하고 있다. 렌탈공단 개발사업에 적극 융자하고 있는 JICA는 2015년 8월 13일 보도자료를 통해서 일본정부가 베트남 기업에 대한 융자를 통해 렌탈공단 개발사업을 재정적으로 지원하고 있다는 소식을 발신했다. 이날 JICA는 베트남 국영은행인 베트남투자개발은행((BIDV)과 렌탈공단 개발사업을 대상으로 하는 대부계약을 체결했다고 전했다. JICA가 BIDV에 대하여 융자를 실시하고 이 은행이 일본계중소기업개발회사에 대해 다시 대부하는 구조로 되어 있다. 일본정부는 「일본의 재부흥 전략」 속에서 중소기업에 대한 지원책의 하나로 해외전개 지원체제의 강화를 내걸고 있고, 또한 「지방창생」 정책에서도 지역 중소기업에 대한 해외전개나 판로 개척을 지원하겠다고 하고 있다. 이에 따라 JICA도 렌탈공단 개발사업에 대한 융자를 적극 추진하게 되었다는 것이다.[7]

---

6) https://www.nna.jp/news/show/58965
7) https://www.jica.go.jp/press/2015/20150813_01.html

JICA와 BIDV의 계약 체결(출처: bidv.vn)

  일본의 지방자치체 가운데는 중소기업을 많이 가지고 있고 도쿄 주변에 위치하여 그런대로 재정 자립도가 비교적 강한 지자체가 베트남 렌탈 공단 개발사업에 적극적이다. 앞에서 언급한 사이타마현은 베트남 남부 진출을 추진하고 있고, 가나가와협(神奈川縣)은 베트남 북부에 대한 진출에 매우 적극적이다. 자동차 부품과 전기기기 생산 공장이 밀집되어 있는 가나가와현은 현내 중소기업의 베트남 진출을 지원하기 위하여 하노이 부근에 렌탈 공업단지를 건설하고 이를 홍보하고 있다. 또한 현내 일본기업의 베트남 진출을 추진함과 동시에 일본 국내에서는 가나가와현이 베트남과의 우호 친선을 경축하는 축제를 열었다. 가나가와현은 매년 가을에 요코하마시(橫浜市) 미나토미라이 지구에서 일본−베트남 축제를 개최하고 여기에 일본에 유학 중인 베트남 학생들을 대거 참여시키고 있다.[8]

  2015년 10월에는 하노이에서 렌탈공단 개소식 행사를 열었다. 가나가와 현청과 가나가와 산업진흥센터는 현재 베트남 제2탕롱(Thang Long) 공단과 제휴하여 이 단지 내에 Kanagawa Industrial Park을 운영하고 있다. 개소식에 앞서 하노이를 방문한 구로이와 유지(黑岩祐治) 현지사

---

8) http://www.pref.kanagawa.jp/prs/p1161071.html

베트남 북부 렌탈공단 완성 예상도(출처: pref.kanagawa.jp)

는 JETRO와 현내은행 등과 협력하여 입거기업에 대해 현지회사 설립에
서 조업에 이르기까지 지원하고, 공장 관리비 1년분을 무료로 하는 등,
우대 대책을 실시하겠다고 했다. 가나가와현의 홍보자료에 따르면, (1)
현과 관계기관으로부터 베트남 진출 전부터 진출 후까지 계속하여 지원
을 받을 수 있다, (2) 현과 베트남 정부기관과의 각서에 따라 현지 정부의
지원도 받을 수 있다, (3) 현내 기업의 진출에 대해서는 관리비 1년분 약
5000달러를 면제해 주고 관리회사의 투자 면허증 취득 등 서비스를 무
료로 제공하는 우대조치를 실시하고 있다고 한다.

_3_
일본기업의 인도네시아 인프라 투자

　2015년 3월 25일자 요미우리(讀賣) 신문은 당시 인도네시아가 일본기업에 대해 인프라 투자를 희망하고 있다고 하는 기사를 내보냈다. 그 전날 인도네시아의 조코 대통령이 일본을 처음 방문하여 일본기업 관계자 1000명 이상이 모인 자리에서 인프라 투자를 직접 요청하는 강연을 했기 때문이다. 도쿄 중심의 뉴오타니 호텔에서 열린 JETRO 주최 비즈니스 포럼에서, 한편으로 그는 중공업 부문에 대한 일본기업의 인프라 투자를 요청했고, 다른 한편으로는 인도네시아의 경제적 자립을 강조하며 새로운 정권 운영을 향한 강력한 메시지를 피력했다. 당시 연 6% 정도에 달하는 인도네시아의 경제성장률을 7%로 끌어올리고 인프라 정비를 추진하겠으니 일본기업들이 대거 투자해 달라는 내용이었다. 인도네시아 진출 과정에서 비즈니스에 걸림돌이 있다면 반드시 개선해 가겠다고 말하기도 했다. 그는 이어 3월 25일 신간선 열차를 타고 나고야에 위치한 도요타 자동차 본사공장을 방문했다.

3.23. 인니-일 정상회담(출처: 外務省)

3.25. 인니 비즈니스 포럼(출처: JETRO)

조코 대통령은 비즈니스 포럼에서 특별히 중공업 발전정책과 지방육성정책을 강렬하게 시사했다. 그는 인도네시아가 더 이상 부존자원을 가공하지 않고 그냥 팔아넘기는 국가가 더 이상 아니라는 점을 강조하고 일본제 자동차가 인도네시아 자동차 시장의 90%를 차지하고 있는 상황을 예로 들면서 "이제는 우리 스스로 멋진 자동차 완성품을 제조해 내겠다"고 발표했다. 또한 그는 인도네시아에서 전국적으로 계획하고 있는 항만정비계획 구상을 발표하고 자바 섬 이외의 지역에도 앞으로 유망한 투자처가 많이 나올 것임을 강조했다. 이러한 인도네시아 정부의 지역발전을 향한 방향 전환은 일본기업에게도 투자 방향의 전환을 요구했다. 여전히 일본의 인도네시아 투자는 수도권에 집중되어 있다. JICA는 자바 섬에 있는 수도 자카르타와 동부 슬라바야 사이의 약 730킬로 구간을 연결하는 고속도로 건설에 일본 자본을 투입할 구상을 세워놓고 있고, 신간선 열차 시스템 도입 구상을 기회 있을 때마다 내보였다. 2015년 3월 23일에 이루어진 일본-인도네시아 정상회담에서도 아베 수상은 자카르타 도시고속철도 정비계획 등에 약 1,400억 엔 어치의 엔 차관을 제공하겠다고 공언했다.

일본기업들은 여전히 인도네시아 수도권의 인프라 구축에 열을 올리고 있다. 예를 들어 Shimizu 건설과 Obayashi 회사는 자카르타 지하철 남북선 건설공사에 참여하고 있으며, Sumitomo 상사와 일본차량제조 회사가 각각 철도차량 제조 주문을 받아놓고 있다. Hitachi와 Toshiba는 수력발전과 화력발전을 위한 설비와 변전시설을 위한 설비 납품에 참여하고 있다. 일본차의 대량 수요에 따라 Daihatsu Motor는 2015년 여름에 증설한 엔진 공장을 가동했으며, Toyota 자동차는 2016년에 연 21만 대 이상의 생산능력을 가진 새로운 승용차 엔진공장을 가동했고, Mitsubishi 자동차는 2015년 3월에 자카르타 교외에 SUV 자동차 생산

공장을 착공했고 2017년 4월부터 가동을 시작했다.

그런데 2014년 10월에 집권한 조코 대통령은 취임 이후 이러한 수도권 발전 정책보다는 지역 도서 사이의 해상교통로와 자바섬 이외의 철도정비에 비중을 두겠다고 하는 견해를 기회 있을 때마다 내보였다. 그는 고학 끝에 스라카르타(Surakarta) 시장을 역임하면서 지방행정을 통해 두각을 나타낸 「서민형」 대통령으로 과거 정권과는 달리 서민을 위한 정치, 지방을 위한 정치를 내세우고 있다. 또한 그는 소위 재정의 건전화와 투자환경의 개선 등의 정책을 우선시 하면서 지난 정권에서 일본의 지원을 받으면서 추진해 왔던 고속철도계획을 완전히 백지로 되돌려 놓았다.

아무리 그렇다고 해도 그는 교통 인프라의 미비와 전력 부족 등으로 만성적인 문제를 안고 있는 인도네시아 지역에 어떻게 경제발전의 동력을 불어넣을 것인가 하는 과제로 고심하고 있다. 이 과제는 해외자본을 얼마나 많이 유치하느냐에 성패가 달려있다고 해도 과언이 아니다. 따라서 그는 정권을 인수하는 단계에서부터 「해양국가구상」을 제시하는 가운데 보다 매력적인 투자환경을 조성하고자 하는 청사진을 그려오고 있고 정권 출범과 함께 다각적인 외교 노력을 통해 해외투자 유치에 적극 노력해 왔다. 다만 국내사정에 눈을 돌리면 의회에서는 야당이 과반수 의석을 차지하고 있고 새로운 정권 관계자들이 일찍부터 뇌물수수 문제를 일으키면서 국민들로부터 신임을 잃어가고 있다. 그는 이러한 어려운 정국 현안을 극복해 가면서 국가 내 지역간 격차를 해소해 가야 하는 과제를 안고 대통령직을 수행하고 있었다.

_4_
호시자키 전기의 아시아 전개

2014년 2월 17일 아이치현 도요아케시(豊明市)에 본사 공장을 두고 있는 호시자키 전기(星崎電機, HOSHIZAKI ELECTRIC)가 인도네시아에 자회사를 설립했다고 보도자료를 통해 발표했다. 독창적이고 품질 높은 주방기기 생산업체로 널리 알려지고 있는 이 회사는 오늘날 중국, 홍콩, 싱가포르, 대만, 한국, 인도 등, 아시아 지역을 중심으로 하여 공격적인 마케팅을 전개해 오고 있다. 중국과 인도에는 제조 공장을 두고 생산 거점을 삼아왔다. 그런데 "성장이 뚜렷한 아시아 지역에 사업을 확대하기 위해서" 이번에는 인도네시아에 자회사를 설립하기에 이른 것이다. 그때까지 호시자키는 인도네시아 시장에 대해서 대리점을 경유하여 제빙기를 주로 판매해 왔으나, 자회사 설립 이후로는 음료산업과 관광사업 관련한 기기의 판매와 보수에 이르기까지 사업 대상을 확대하겠다고 발표했다. 2014년 2월 14일에 설립된 자회사 명칭은 PT. HOSHIZAKI INDONESIA. 자카르타에 소재하며 총 자본금 150만 달러 (약 1억 5,200만 엔)에 출자 비율은 일본의 본사가 95%, 싱가포르 자회사가 5%였다. 이 회사는 종업원 10명으로 영업을 시작했다.

호시자키는 1947년에 나고야에서 설립된 이후 식품 음료 산업과 관련하여 새로운 기술을 끊임없이 개발하고 사업에 적용해 왔다. 일찍이 1957년에 일본에서 처음으로 주스 상품의 자동판매기를 개발하면서 명성을 얻기 시작했고 1965년에는 전자동 제빙기를 판매하기 시작하며 일본 전국으로 사업을 확대해 갔다. 1962년에 이 회사가 개발하여 제작한 분수식 음료용 자동판매기에 대해서는 최근에 일본의 국립과학박물관이 중요 과학기술사 자료로 지정하기도 했다. 2005년에 업무용 냉장고에 인버터 컨트롤을 도입하여 전력 소비를 60% 정도 줄임으로서 관련 업계를 놀라게 했다.

오늘날 호시자키 회사의 사업 내용 가운데 가장 유명한 것은 전자동 제빙기로서, 전 세계 시장의 70%를 석권하고 있다. 이 밖에도 업무용 냉장고 (시장점유 50%), 식기세척기 (46%), 맥주 서버 (75%)의 제조와 판매로 유명하다. 오늘날 아이치현과 시마네현에 본사 공장을 가지고 있으며 홋카이도에서 오키나와에 이르기까지 일본 전국에 걸쳐 17개의 그룹 회사를 운영하고 있다. 중앙 본사의 기술 개발 노력에 못지않게 이 회사는 상품 마케팅에서 전형적으로 발품을 팔아 판매와 보수를 담당하고 있는 것으로 유명하다. 오늘날 일본 전국에 걸친 450개 정도의 영업소를 통해 영업직원이 일일이 방문 판매에 나섬으로써 단단한 하부 판매망을 유지하고 있는 것이다.[9]

아이치현의 Hoshizaki 본사 공장과 요코하마의 그룹 회사(출처: hoshizaki.co.jp)

9) www.hoshizaki.com

또한 호시자키는 1980년대부터 구미 국가를 중심으로 하여 글로벌 사업 전개를 시작했다. 1981년에 미국 캘리포니아에 현지법인 HOSHIZAKI AMERICA를 설립한 것을 필두로 하여, 1992년에는 네덜란드 암스테르담에 Hoshizaki Europe B.V.를, 1994년에 영국 쉬롭셔에 HOSHIZAKI EUROPE LIMITED를 각각 설립했다. 이어 1996년에 싱가포르에 사무소를 개설하면서부터 아시아 시장으로의 진출을 본격화했다. 1998년 중국 베이징, 2004년 중국 상하이, 2006년 중국 수조우, 2010년 타이완과 홍콩, 2012년 터키, 2013년 인도와 한국, 브라질 등에 사업을 확대했다. 이 회사의 홈페이지 정보에 따르면 오늘날 미국 10개 지역, 멕시코 3개 지역, 호주, 뉴질랜드, 벨기에, 브라질, 네덜란드, 영국, 덴마크, 독일 등에 해외 법인을 가지고 있으며, 아시아 지역 8개 국가에도 해외 법인을 설립하여 운영하고 있는 것을 알 수 있다. 지난 2006년에는 미국의 두 번째 음료 디스펜서 회사 LANCER CORPORATION을 매수하기도 했다.

호시자키 회사는 여전히 미국 시장을 가장 중요시하고 있지만 아시아 시장에서 음료 식품 사업이 점차 확대되어가고 있는 점에 주목하여 2014년 인도네시아 자회사 설립 움직임이 보여주듯이 앞으로 아시아 지역에 대해 사업을 확대해 갈 것으로 보인다. 특히 중국의 생산거점에서 만들어내는 제빙기, 냉동냉장고, 식기세척기를 주력 상품으로 하여 인도네시아는 물론 아시아 지역 전역에서 판매 거점을 확대해 갈 것이 분명하다. 이번에 설립된 인도네시아 자회사는 최근 진출이 두드러지게 나타나는 일본계 편의점과 체인점에 대한 주방기기 공급을 중심으로 하면서 점차 판매 지역을 확대해 갈 것으로 보인다.

_5_
닛키 에너지의 아시아 전개

　일본의 대표적인 엔지니어링회사 닛키(日揮, Japan Gasoline Company)는 지난 2014년 3월 5일 보도 자료를 통하여 말레이시아에 LNG플랜트 능력 재생 프로젝트를 수주했다고 발표했다. 이 회사의 말레이시아 자회사인 JGC Malaysia가 Malaysia Synerlitz 회사와 컨소시엄을 맺고 사라와크 빈툴루(Bintulu) 지역에서 진행 중이던 LNG 플랜트 능력 재생사업을 따낸 것이다. 계약처는 Malaysia LNG Dua 회사이며 총 출자 규모는 공개되지 않았지만 출자 비율은 말레이시아 국영석유공사가 60%, Shell Corporation 15%, Mitsubishi Corporation 15%, 사라와크 주정부 10%로 하기로 했다고 한다. 2019년 1월까지 닛키가 담당해야 할 업무는 LNG 플랜트 능력 재생을 위한 설계와 기자재 조달 그리고 건설공사와 시운전 서비스 등이다. 이 사업은 세계 최대급 LNG 생산기지 Bintulu Complex에서 제4계열~제6계열의 플랜트 능력 재생을 위한 것이다. Bintulu Complex에는 현재 8개 계열의 플랜트가 가동 중이며 9번째 계열 플랜트는 2013년 3월에 닛키가 수주했고 2015년 1월에 추가로 확장 프로젝트를 수주하여 오늘날 건설 중이다.[10]

　오늘날 닛키가 주로 담당하는 업무는 제조설비를 만들어 제공하는 일이며 제조설비 가운데에도 석유정제플랜트, 석유화학, 화학플랜트, LNG 플랜트, 천연가스처리플랜트 등이다. 1928년에 도쿄에 설립된 일본휘발유주식회사를 모태로 하고 있으며 당초에는 정유소를 경영할 목적으로

---

10) http://www.jgc.com/jp/DisplayHtml/view/2

설립되었지만 1930년대부터 정유소 경영을 단념하고 미국 Universal Oil Products의 특허를 얻어 엔지니어링 사업을 시작했다. 1960년대부터는 해외의 에너지 인프라 사업을 수주하는데 주력해 오고 있다. 오늘날 세계 70개 이상의 국가와 지역에 2만 건에 달하는 프로젝트를 수행하고 있으며 특히 LNG 플랜트 건설회사로서 일본 뿐 아니라 세계적으로 명성을 얻고 있다. 현재 닛키는 말레이시아, 호주, 인도네시아, 파푸아뉴기니, 러시아, 캐나다에서 총 8건의 LNG 플랜트를 건설하고 있다. 전 세계 LNG 생산량의 30% 정도를 취급하는 LNG 플랜트의 건설과 유지 보수에 관여하고 있다고 일컬어지고 있다.[11]

닛키 본사건물(출처: jgc.com)

오늘날 일본 기업은 전반적으로 해외 인프라 수출에서 부진한 움직임을 보이고 있다. 아시아 지역에서 중국 기업이, 그리고 중동 지역에서 한국 기업이 약진하고 있는 것에 비해 대체로 일본 기업의 추진력이 둔화되고 있는 것이 사실이다. 이러한 상황에서도 닛키는 개도국에 대한 에

---

11) www.jgc.com/jp/

너지 인프라 건설을 꾸준히 그리고 활발히 전개해 오고 있기 때문에 일본정부와 관련 기업으로부터 좋은 평가를 얻고 있다. 지난 2013년의 실적만 보더라도 모잠비크, 베트남, 알제리, 말레이시아, 러시아, 브라질, 인도네시아, 사우디아라비아, 캄보디아, 인도 등에서 인프라 건설 사업을 수주했고 2014년에도 캐나다, 싱가포르, 중국, 말레이시아에서 사업을 수주했다. 다만 이러한 사업들이 순조롭게 이루어지는 것은 아니며 2010년 8월에 아부다비에서 현지 주재원들이 대형 교통사고를 당하기도 했고 2013년 1월에는 이슬람 무장집단에 의한 알제리 인질사건과 같은 불상사를 겪기도 했다. 일본정부는 2014년 3월 3일 경제산업성 주최로 인프라시스템의 해외 수출을 진작시키기 위한 심포지엄을 주관하면서 개도국에 대한 인프라 수출의 성공사례로서 닛키가 수행 중이던 인도 첸나이 공업단지 개발 사업을 설명하게 한 바 있다.

닛키는 인프라 수출의 안전성을 확보하기 위하여 전형적인 컨소시엄 전략을 구사하고 있다. 첸나이 공업단지 개발 사업에 참여하기 위해 닛키는 싱가포르의 거대 부동산개발회사 아센다스 그룹(Ascendas Group), 인도의 거대 부동산개발회사 아이레오(IREO), 일본의 거대 은행 미즈호(MHBK)와 손을 잡았다. 2013년 11월 도쿄에서 첸나이 종합공업단지 구상「One Hub Chennai」를 발표한 것은 닛키가 아니라 아센다스였다. 586ha의 부지 위에 공업지구와 거주지구, 그리고 비즈니스 시설을 병설한다는 구상으로 2015년 2월에 준공할 것을 목표로 하여 이때 총 7억 달러 규모의 투자가 이루어졌다. 인도에 진출한 일본계 자동차 · 전기 · 식품 관련업체에 대해 부품을 제공하는 거점으로 육성하겠다고 하는 구상이었다. 이 단지가 완전히 조성되면 여기에 일본의 Hitachi Automotive Systems, Takasago International Corporation, Ajinomoto Company 등이 들어서기로 되어 있다.

이처럼 닛키가 꾸준하게 인프라 수출을 할 수 있는 것은 '높은 윤리관과 법령 준수'를 기업의 최고 가치관으로 하면서 고객으로부터 신뢰를 얻고 있기 때문이다. 이번에 말레이시아로부터 사업을 수주한 것도 1980년대부터 30년간 이상 플랜트 건설에서부터 건설 후 보수와 개조에 이르기까지 충실한 자세를 보이는 소위 Life-cycle Support 마인드가 먹혀들어간 결과로 보인다. 기존 8개 계열 플랜트는 물론 새로 건설되는 제9계열 플랜트에서 설계, 기기조달, 건설공사, 시운전에 이르는 여러 서비스를 적극 제공함으로써 말레이시아 국영석유공사로부터 신뢰를 획득한 것이다. 이와 함께 Bintulu의 LNG Complex에 대한 높은 지식과 LNG에 관한 높은 기술력도 높은 평가를 받은 것으로 보인다.

닛키는 2014년 2월 4일에도 보도자료를 통해 말레이시아의 LNG 플랜트 건설 사업을 수주했다고 발표한 바 있다. 그것은 총 사업비 20억 달러 규모의 부유식 액화천연가스 생산 저장 하역 설비(FLNG)로서 말레이시아에서는 두 번째로 시도되는 사업이다. FLNG는 심해 가스전 개발에 사용되는 시설로 해상 가스전에서 천연가스를 바로 액화해 선적할 수 있는 선박을 말한다. 2018년 전반기까지 사바(Sabah) 해역의 LNG 산출 지점 바다 위에 플랜트를 건설하는 사업으로 일본기업으로서는 닛키가 처음

말레이시아 두 번째 해상 LNG플랜트의 예상도(출처: jgc.com)

으로 수주한 사업이라고 하여 일본 언론에 크게 보도되었다. 세계 최초로 수심 1000미터가 넘는 깊은 해저에서 산출되는 가스를 취급하는 해상 플랜트로서 앞으로 관련 업계에 블루오션을 제공할 것이라는 전망도 나오고 있다. 이 해상 플랜트 건설 사업을 수주하기 위해 닛키는 높은 조선 기술력을 가지고 있는 한국의 삼성중공업과 컨소시엄을 맺었다. 현재 플랜트 공사 중이며 닛키는 주로 액화장치 시설 공사를 담당하고 삼성중공업은 선체 공사를 담당하고 있다.[12]

---

12) http://www.jgc.com/jp/04_media/01_news/2014/release/20140214.html

_6_
일본 음료 회사의 동남아 진출

　2017년 11월 5일 Chosun Biz는 한류 식품(K푸드) 수출 10조 원 시대
가 열릴 것이라는 밝은 소식을 내보냈다. 라면 · 초코파이 · 만두 · 김 등
이 국내시장에서 검증된 제품력을 바탕으로 세계 곳곳에 진출하고 있다
는 소식이었다. 같은 날 한국농수산식품유통공사가 밝힌 바에 따르면,
2017년에 들어 9월까지 한국의 식품 수출액은 67억 7686만 달러를 기록
했다고 한다. 이러한 추세라면 사상 처음으로 연간 90억 달러 수출을 돌
파할 것으로 예상된다는 것이다. 10년 전 2007년에 37억 달러(4조원이
었던 것과 비교하여 2.5배 증가한 수준이다. 신라면 등 한국 라면의 수출
액은 2016년에 4억 977만 달러였고 2014년에 비해 27.9% 늘었다. 2016
년 한국 라면은 세계 최대 라면 시장인 중국에서 35.3%를 점유했다. 한
편 미국 시장 점유율은 27.3%를 기록했다. 농심을 비롯한 한국 라면 업
체들이 2015년부터 본격적인 해외시장 개척에 나섰고 우수한 제품력과
SNS 마케팅 등으로 경쟁력을 키우고 있다. 라면 이외에도 한국산 음식

상하이 대형마트에 진열된 신라면(출처: nongshim.com)

으로 초코파이 · 자일리톨 · 커피믹스와 같은 간식류가 개도국에서 널리 각광을 받고 있다.

여기서는 2013년 12월에 발신한 웹진이 내용을 중심으로 하여 일본 기업에 의한 음료상품 해외 진출 움직임을 소개하고자 한다. 일본의 음식 'J푸드'가 신흥시장 진출을 위해 노력하고 있는 상황을 전하고자 한다. 그것은 한일양국 시장은 물론 세계의 신흥시장에서 'K푸드'와 'J푸드'를 둘러싸고 양국 기업간 각축전이 이미 시작되었기 때문이다. 오늘날 'K푸드'를 상징하는 비빔밥, 불고기, 김치, 삼계탕 등의 한식 메뉴들은 유통과정에서 신선함을 유지하기가 어렵기 때문에 일반 상품화되기가 어렵고 그 보다는 기업들이 개발하는 간식류 상품들이 해외 진출에서 각광을 받고 있다. 마찬가지로 일본에서도 신선도 유지를 필요로 하는 스시 · 사시미 · 돈부리 · 우동 · 소바와 같은 일식 메뉴보다는 오히려 기업들이 개발하는 간식류가 널리 확산되고 있는 가운데, 특히 일본의 가공음료 상품들이 개도국 대중들에게 가까이 다가가고 있다.

2013년 10월 19일 요미우리신문은 일본 음료 생산 기업들이 수출 부진을 극복하기 위해 안간힘을 쓰면서 신흥시장에 대해 기능성 음료의 수출 확대를 시도하고 있다고 전했다. 개도국 시장 개척의 사례로 Suntory가 일본에서 히트상품이 된 특정 보건용 식품 '흑우롱차' 기술을 응용하여 찻 잎으로부터 떫은 맛을 최소화 하고 지방 흡수를 억제하는 폴리페놀을 추출한 새로운 상품 'TEA PLUS'를 그 해 9월부터 태국에서 발매하기 시작했고 베트남과 인도네시아에 대한 수출도 시도하고 있다고 전했다. 그리고 Asahi가 인도네시아 현지기업과 합병회사를 설립하고 녹차, 쥬스, 생수에 이르기까지 종목을 넓혀 판매망을 확대하고 있으며, Sapporo도 이제까지 주력 브랜드 'Pokka'(녹차와 커피)를 통해 구축해온 싱가포르를 거점으로 하여, 주변 동남아 국가로 수출을 확대하고 있

다고 전했다.

Hokkan Holdings가 2013년 11월 6일에 내놓은 보도 자료에 따르면, 이 회사는 인도네시아 현지 법인 PT. Hokkan Indonesia를 통해 서부 자바 보고르에 위치한 기존 제1공장부지 내에 2014년 12월에 제2공장을 건설하겠다고 발표했다. 이 회사의 인도네시아 법인은 Hokkan과 Toyota에 의한 순수 일본 자본으로 설립되어 2012년 12월부터 조업을 시작했다. 그런데 근래에 들어 거래처가 확대되는 등 인도네시아 청량음료 시장이 빠른 속도로 성장하고 있는 흐름에 적극 대응하기 위하여 생산설비를 증설하게 되었다고 한다. 당시 제1공장이 42억 엔 상당의 자본금으로 설립되었고 연간 120만 병 정도의 생산량을 가지고 있었는데 2014년에는 36억 엔 상당의 자본을 투입하여 제2공장을 지어 가동하게 되면 두 배 가량으로 생산량을 증대시킬 것이라고 했다.

일본경제신문 인터넷판도 2013년 12월 8일 일본의 기업에 있어서 동남아시아 시장은 앞으로 개척할 여지가 크다고 하는 점을 강조했다. ASEAN 주요 6개국의 시장 규모는 2020년에는 두 배가 확대되어 2조 1500억 엔 규모가 될 것이라고 전망했다. 동남아 기업들이 독과점 시장

점유에 의존하고 있는 측면이 강하기 때문에 앞으로 새로운 기술에 의한 상품이 개발되고 독과점 체제가 풀리게 되면 고객들에게 먹혀들어갈 것이라고 지적했다. 또한 주류에 비하면 음료의 경우에는 종교적인 제약도 적기 때문에 상대적으로 시장을 개척하기에 수월할 것으로 보았다. 일본경제신문은 Suntory가 그 해 인도네시아에서 녹차음료를 발매하기 시작한 것을 대표적인 사례로 들고, ITOEN도 2014년 봄부터 인도네시아 합병회사를 통해 음료 판매를 시작할 것이라고 했다.

다만 이 신문은 동남아시아 지역이라고 해서 일률적인 것은 아니고 각국이 식생활이나 기호품에서 차이가 있기 때문에 동일한 방식으로 사업을 전개하는 것은 바람직하지 않다고 했다. 전형적인 국가별 차이의 사례로 상수도 인프라 정비가 미흡한 인도네시아에서는 음료수 상품을 위한 큰 규모의 시장이 형성되어 있다는 점, 그리고 태국 사람들은 매운 요리에 맞는 탄산음료를 선호한다는 점을 지적했다. 일본기업 가운데 동남아 여러 국가들을 상대로 하여 다변화된 상품을 내놓고 있는 사례로 Yakult와 Pocari Sweat 정도라고 하고, 단기적으로는 각 국가의 사정에 맞춘 상품을 생산 공급하는 것이 필요하며, 중장기적으로는 광역적으로 대응이 가능할 정도로 생산과 판매에서 효율화가 가능한 '브랜드의 확립'이 필요하다고 지적했다.

_7_
인도네시아 일본기업의 현지채용 확대

　일본인 경영층과 고위간부층을 대상으로 하여 인재를 소개하고 구인 및 구직정보를 발신하고 있는 도쿄 소개 전문업체, Recruit Executive Agent는 2013년 2월 초에 동남아시아 지역에서 인재를 구하는 사례가 부쩍 늘었다고 하며 구인 통계를 발표했다. 2012년도 1/4분기에서 3/4분기에 걸쳐 2011년도 같은 시기에 비해 42% 증가했다는 것이다. 이 회사는 그때까지 싱가포르에만 컨설턴트를 보내어 구인정보를 입수해 왔는데 태국과 인도네시아에서 구입이 늘어남에 따라 이곳에도 컨설턴트를 파견하기로 했다고 한다. 근래 들어 동남아시아 지역에서 구인 사례가 증가하는 이유는 중국에서 노동자의 임금 인상 요구와 위안화 절상, 그리고 일본과의 영유권 갈등에 따른 구매 악화 등에 따라 중국에 진출했던 일본 기업들이 점차 태국과 인도네시아 등의 노동 임금이 저렴한 지역으로 거점을 옮기고 있기 때문이다. 특히 2013년에 들어 인도네시아 진출 일본계 기업으로부터 구인 사례가 많아졌다.

　영국을 중심으로 하여 아시아 각국에 거점을 두고 일본인들에게 전직(轉職) 정보를 널리 제공하고 있는 JAC Recruitment는 2013년 2월 인도네시아에서 현지채용을 위한 구인 사례가 부쩍 늘었다고 발표했다. 즉, 2012년 10월부터 12월까지 3개월간에 걸쳐 2011년 같은 시기에 비해 55% 증가하여 아시아 지역 가운데 가장 높은 증가율을 보였다고 한다. 이 시기는 인도네시아에서 대체로 보너스를 지급하는 시기인 만큼 2/4분기에 비해 25% 줄어든 구인 사례였지만 그럼에도 불구하고 2011년에 비해서는 이처럼 높게 나타난 것이다. 이것은 인도네시아에 진출한 일본계 기업이 그만큼 현지채용을 희망하고 있었다는 증거다. 이때 인도네시아의 구인 사례 증가는 그 다음으로 높았던 말레이시아와 비교해도 2배나 높은 것이었다.

인도네시아에서 구인에 나서고 있는 일본계 기업을 업종별로 보면 자동차 회사, 자동차 부품 제조회사, 상사 등이 주종을 이루었다. 이들 일본계 기업들은 주로 자동차와 오토바이, 전자제품, 전기제품을 생산하고 있었다. 인도네시아에서 인프라 건설 움직임이 회복되고 있어 일본계 건설업 회사의 구인 사례도 점차 늘고 있다는 것을 보여준 것이다. 그 뿐 아니라 이러한 일본계 기업을 고객으로 하는 물류업, 상사, 서비스업 등의 기업들이 인도네시아에서 사업을 전개하고 있었다. 당시에 인도네시아의 일본계 기업은 1000개 이상이 인도네시아에 진출하고 있었다. 특히 싱가포르에서 가까운 바탐(Batam) 섬에 위치한 공업단지와 동부 자바 슬라바야(Surabaya) 지구의 수출 공단에 일본계 기업이 많았고 이들 제조업 회사에서 인도네시아 현지인을 지도하는 관리자에 대한 수요가 계속 늘고 있었다. 일본계 회사로서는 인도네시아 언어를 모르는 일본인 주재원과 영어를 모르는 인도네시아 현지인 노동자를 중개하는 관리자가 점차 필요해지고 있었던 것이다.

JAC Recruitment에 따르면 일본에서는 직장을 옮기려면 일정 연령 미만으로 제한을 받지만 인도네시아의 경우는 일본에 비해 비교적 폭 넓게 인재를 구하고 있다고 했다. 따라서 20대와 30대가 주종을 이루고 있으면서도 60대 연령층에서 직장을 구하는 경우가 있다고 했다. 또한 여성 인력을 구하는 사례도 늘고 있다고 했다. 실력이나 기술이 있으면 남녀노소를 불문하고 취직 기회를 얻을 수 있다는 것을 의미한다. 그 때 회사가 원하는 실력으로서는 인도네시아어와 영어 활용 능력이었다. 인도네

시아에서 영어에 능통한 사람들이 늘어나고 있어서 영어 실력만으로도
채용되는 사례가 있다고 했다.

네쓰렌의 유도가열 기술　　　네쓰렌 도쿄본사 건물　　　네쓰렌 로고
(출처: k-neturen.co.jp)

　　인도네시아에 일본계 기업이 많아지면서 이들 기업을 주된 고객으
로 하는 또 다른 기업들이 연쇄적으로 이곳에 진출하는 움직임을 보였
다. 일본 기업의 인도네시아 진출 사례 가운데 일본의 대표적인 열연(熱
鍊) 전문업체 네쓰렌(NETUREN)이 언론에 크게 보도되었다. 이 회사는
2013년 3월 7일 보도 자료를 통하여 거래 업체의 진출에 따라 90%의 출
자를 통하여 그 해 5월 자회사 NETUREN INDONESIA를 서부 자바 브
카시(Bekasi)의 공단 안에 설립하기로 하고 2014년 1월부터 조업을 개시
하겠다고 발표했다. 네쓰렌은 인도네시아에 대한 전체 투자 규모 계획은
밝히지 않지만 설비 투자는 대략 3억 5천만 엔 규모가 될 것이라고 했
다. 인도네시아에서 전개할 사업은 유도 가열(induction heating)을 위한
장비를 제조하고 판매하며 열처리 제품을 가공하는 일이다. 이 회사는
1946년에 일본 최초로 유도가열 기술을 개발하여 사업화에 성공했다.[13]

13) http://www.k-neturen.co.jp/

_8_
일본 유통기업의 스리랑카 진출

「인도양의 진주」로 불리던 스리랑카는 반정부 무장조직 이슬람 해방 호랑이(LTTE)와 26년간에 걸친 긴 내전을 겪고 2009년 5월 정부군의 승리로 가까스로 혼란 정국을 수습했다. 스리랑카는 기본적으로 비동맹 외교노선을 취하고 있지만 현실적으로 중국이 이 나라 해외투자의 40%를 담당하고 있다. 이에 따라 스리랑카에서는 중국에 대한 지나친 경제적 의존으로부터 벗어나고자 하는 움직임 역시 강하다. 오늘날 정치정세가 불안한데다가 여전히 최빈국에 속하고 인플레이션도 연 7%에 달하고 있기는 하지만, 인도와 중동, 아시아의 거점에 위치한 지정학적 여건으로 이 나라는 내전 종결 이후 연 8%에서 10%에 달하는 높은 경제성장률을 유지하고 있다.

대한무역투자진흥공사(KOTRA)의 국가정보에 따르면, 한국과 스리랑카는 1972년에 한국의 통상대표부를 콜롬보에 개설하고 1977년에 외교관계를 수립하여 공식적인 외교관계를 시작했고, 그 후 이중과세방지협정(1986년), 투자보장협정(1980년), 무역협정(1984년) 등을 맺어 투자와 무역을 위한 외교적 인프라를 구축했다. 그러나 스리랑카의 내전과 정국 혼란으로 우리 기업이 이곳에 적극적으로 진출하기는 쉽지 않았고 이에 따라 2012년 양국의 교역량은 총 392백만 달러에 그쳤다. 한국이 320백만 달러 규모를 수출하고 72백만 달러 정도를 수입하는데 그쳤다. 한국의 수출 상품 가운데 주 종목은 광물성연료, 직물, 수송기계, 철강제품, 석유화학제품, 산업기계 등이며, 수입품 주 종목은 농산물, 섬유제품, 고무제품, 임산물, 비금속광물, 섬유사 등이다. 2015년에 들어 스리랑카에 대한 한국인 관광객이 늘고 있으나 이곳에 거류하고 있는 교민은 약 800

명 정도에 불과하며 반면에 한국에서 거류하고 있는 스리랑카 국민 대부분이 산업근로자로 총 20,000명 정도 되는 것으로 나타났다.

2015년 7월 17일자 일본경제신문은 일본 물류회사의 스리랑카 진출을 소개했다. 일본기업의 진출문제는 한국기업의 신흥시장 사업전개를 위한 벤치마킹 사례라고 생각되어 이를 소개하고자 한다. 일본과 스리랑카는 1952년 샌프란시스코 강화조약 발효를 계기로 하여 국교를 맺었다. 2013년 3월에 라자팍사(Percy Mahendra 'Mahinda' rājapaksa) 대통령이 일본을 방문한 일이 있고 2014년 9월에는 아베 수상이 스리랑카를 방문한 일이 있다. 일본은 스리랑카 내전 기간 동안에도 경제협력을 지속했으며 이 나라에 가장 많은 원조를 제공했다. 2011년 11월에는 일본의 경제 원조를 통해 건설된 스리랑카 최초의 고속도로가 개통되기도 했다. 2014년 3월 350억 엔에 달하는 차관을 제공하기로 하는 등 일본은 스리랑카 북부와 동부의 내전 복구에 대해 경제 원조를 계속 실시해 오고 있다. 2013년의 양국 교역액은 총 8억 달러를 약간 상회했으며 일본은 주로 자동차 · 일반기계 · 섬유제품 등을 수출했고 홍차 · 의류 · 어패류 · 고무 등을 수입했다. 일본무역진흥기구(JETRO)는 2014년 4월 현재 스리랑카에 진출한 일본 기업이 약 140개에 달하고 있으며 2013년 10월에는 JETRO 투자사절단이 이곳을 방문했다고 한다.

2015년 일본의 기업들은 독일의 우편DHL(Deutsche Post DHL)이나 미국의 FedEx Corporation과 같은 세계적인 거대 물류 회사들이 스리랑카에 진출하고 있는 움직임에 주목했다. 스리랑카가 남아시아 지역에서 「물류 허브」로서 존재감을 높이고 있는 상황에 주목한 것이다. 세계의 탱커 가운데 3분의 2, 컨테이너 선박 가운데 절반 가량이 스리랑카 해역을 통과하고 있다. 특히 콜롬보 항은 아시아와 유럽을 잇는 해상수송 항로의 요충지이며 인도의 여러 항구들에 대한 중계지로서 발전해 왔고 인도의 경제성장과 더불어 오늘날 취급하는 화물량에서 지속적인 증가세를 보이고 있다. 남아시아 지역 최대의 항구인 콜롬보 항은 인도 대륙에서 30킬로 정도밖에 떨어져 있지 않은 지리적 이점 때문에 인도의 현관으로서 화물 접속 항구로서 발전해 왔다. JETRO에 따르면 오늘날 콜롬보에서 일본까지 컨테이너 수송비가 40피트 컨테이너 1개에 480달러에 불과하여, 뭄바이(890달러)나 방콕(1,210달러)에 비해 훨씬 저렴하다고 한다. 여기에다가 인도에 비해 스리랑카의 통관 수속이 간편하고 트러블이 그다지 발생하지 않고 있는 점도 세계적인 물류회사들이 스리랑카 진출하려는 배경이 되고 있다고 보았다.

일본의 물류기업 가운데 스리랑카 진출에 가장 선도적으로 움직임을 보인 회사는 Sagawa Express(佐川急便)이다. 교토(京都)에 본사를 두고 있는 이 회사는 2014년에 자회사인 SG Holdings를 통하여 스리랑카의 Expolanka Holdings 회사를 매수했고 국제물류센터를 활용하여 동남아시아·인도·유럽에 이르는 수송망을 정비했다. Sagawa Express은 2014년 6월 Expolanka 주식의 30%를 80억 엔에 매수하고 이 회사를 인수했다. 인수 당시 Sagawa Express가 발표한 보도 자료에 따르면 화물수송업을 주된 종목으로 하는 Expolanka는 본사를 콜롬보에 두고 있고 총 매상고 395억 엔 규모로 미국을 비롯한 세계 18개국 49개 도시에 거점을 확보하고 있다고 했다. 이 회사가 오랜 기간에 걸쳐 유럽에 대리점 망을 구축해 왔고 남아시아 지역에서 물류 업체로서 10위권 안에 들고 있어 인수를 결정했다고 했다. SG Holdings는 2015년에 들어서 스리랑카 기업 인수의 성과가 다음과 나오고 있다고 홍보했다. 그 해 3월에 미국 스포츠용품 거대기업과 계약을 맺고 동남아시아와 남아시아 지역에서 현지 생산한 제품을 유럽으로 수송하는 업무를 맡기로 했고 5월에도 인도의 재벌계 제조업으로부터 수송 업무를 수탁했다는 것이다. SG

Holdings 단독으로는 수주하기 어려웠던 사업들을 인수 회사를 매체로 하여 수주할 수 있게 되었다는 것이다.

佐川急便 본사

Expolanka 로고
(출처: sagawa-exp.co.jp)

일본과 인도 사이에는 2011년 8월부터 포괄적 경제제휴협정이 적용되고 있어서 일본의 물류회사에게 있어서 스리랑카는 더욱 더 중요하다. 많은 품목들을 무관세로 수출할 수 있다고 하는 이점을 살려 스리랑카를 인도시장 진출을 위한 생산거점으로 활용하려는 일본기업들의 움직임이 강해지고 있기 때문이다. 예를 들어 스리랑카 일본계 정밀프레스용 금형 제조회사인 Lanka Precision Engineering은 인도의 의료기기 제조회사로부터 의료용 메스의 금형 제작을 수주하여 2015년 7월부터 납품을 시작할 것이라고 했다. 원재료는 일본이나 싱가폴에서 수입하고 인건비가 저렴한 스리랑카에서 생산하는 방식을 취하겠다는 것이다. 나아가 일본기업 가운데 아프리카 시장 진출을 위해 스리랑카를 생산이나 물류의 거점으로 하려는 움직임도 왕성하다. 따라서 자연스럽게 Sagawa Express 이외에도 여러 일본의 물류기업이 스리랑카에 진출하려는 움직임을 보이고 있다. DHL Japan은 스리랑카 최대 재벌 johnkeells Holdings와 제휴하여 있고, Kintetsu World Express는 산하의 싱가포르 물류회사 APL Logistics를 통하여 조만간 콜롬보 근교 1만㎡ 규모의 부지에 컨테이너용 화물센터를 건설할 예정이라고 한다.

일본의 공적개발원조와 기업의 인프라수출

초판 1쇄 인쇄 2017년 11월 25일
초판 1쇄 발행 2017년 11월 30일

지은이 최영호
펴낸곳 논형
펴낸이 소재두
등록번호 제2003-000019호
등록일자 2003년 3월 5일
주소 서울시 영등포구 양산로 19길 15 원일빌딩 204호
전화 02-887-3561
팩스 02-887-6690
ISBN 978-89-6357-183-6 03340
값 15,000원

* 이 책은 영산대학교 2017년 교내 저술지원을 받아 출간되었음.